Laura Heuer

Die Bilder der Killer-Spieler

Laura Heuer

Die Bilder der Killer-Spieler

Machinima: Computerspiele als kreatives Medium

Tectum Verlag

Laura Heuer

Die Bilder der Killer-Spieler.
Machinima: Computerspiele als kreatives Medium

ISBN: 978-3-8288-9975-9

Umschlagabbildungen: Screenshots der Autorin, aus: The Movies: Stunts & Spezialeffekte © 2002-2006 Lionhead Studios Ltd. Nachdruck der Screenshots mit freundlicher Erlaubnis der Microsoft Corporation. Weitere Bilder von VaLouille auf www.wikipedia.de (http://de.wikipedia.org/w/index.php?title=Datei:Openarena-machinegun.png&filetimestamp=20061229232158 und http://de.wikipedia.org/w/index.php?title=Datei:OpenArena-Rocket.jpg&filetimestamp=20061230074157); Filmstreifen: MarsBars auf www.istock.com

Besuchen Sie uns im Internet
www.tectum-verlag.de

Bibliografische Informationen der Deutschen Nationalbibliothek
Die Deutsche Nationalbibliothek verzeichnet diese Publikation in der Deutschen Nationalbibliografie; detaillierte bibliografische Angaben sind im Internet über http://dnb.ddb.de abrufbar.

Inhalt

1. Machinima

„Das sind völlig unverantwortliche und indiskutable Machwerke, die in unserer Gesellschaft keinen Platz haben dürfen."

Edmund Stoiber[1]

Worauf sich der damalige bayrische Ministerpräsident in diesem Zitat bezieht, sind nicht etwa Machinimas, sondern die sogenannten „Killerspiele", Computerspiele[2], die den Spieler vornehmlich aus der Perspektive der ersten Person (Ego-Shooter) in gewalttätige Handlungen einbinden. In der politischen und gesellschaftlichen Debatte ist ein Verbot solcher Spiele seit den Amokläufen jugendlicher Gewalttäter in Erfurt (2002), Emsdetten (2006) und nun auch Winnenden (2009) immer wieder aktuell, und es wurde 2005 nicht nur in den Koalitionsvertrag von SPD, CDU und CSU aufgenommen[3], 2007 beschloss auch die Innenministerkonferenz, ein Verbot schnellstmöglich umzusetzen[4], da die Spiele nicht nur, so die Befürchtung, Suchtpotenzial bergen und asoziales Verhalten fördern, sondern auch gewalttätige Handlungsweisen trainieren. Dabei wird den Spielern in diesem Diskurs meist jegliche Reflexionsfähigkeit im Umgang mit dem Medium abgesprochen:

---

1 Edmund Stoiber, zitiert nach: Graff, Bernd (2006): Die Bilder selber sind Gewalt. *Süddeutsche Zeitung*, 23. November. Online im Dossier *Killerspiele* unter URL: http://www.sueddeutsche.de/dossiers/dossier/307/91216/(letzter Zugriff: 27.5.2008).

2 Ich werde im Folgenden Computerspiel als allgemeinen Begriff benutzen und keine Unterscheidung zwischen Computerspielen und Videospielen machen; in englischsprachiger Literatur wird für gewöhnlich der Begriff des „video game" verwendet, der aber als Synonym zu verstehen ist.

3 Vgl. URL: http://www.cdu.de/doc/pdf/05_11_11_Koalitionsvertrag.pdf (letzter Zugriff: 18.4.2008) und auch: http://www.faz.net/s/Rub594835B672714A1DB1A121534F010EE1/Doc~E4EB6A16DC8864887891A6221BF9C49CE~ATpl~Ecommon~Sspezial.html (letzter Zugriff: 18.4.2008).

4 Vgl. URL: http://www.berlin.de/sen/inneres/presse/archiv/20070601.1415.78878.html (letzter Zugriff: 18.4.2008).

„The power of video games seems such that players are precluded from incorporating them into their lives in the moderation that it is implied could save the vulnerable from inevitable harm. In this willingness to view games as addictive and drug-like, we must note an equal and somewhat patronizing unwillingness to acknowledge any sophistication in players' use of media."[5]

Doch es gibt auch eine andere Seite der „Killerspiele". Um Computerspiele hat sich eine breit gefächerte *Game Culture* entwickelt, aus der – in der Auseinandersetzung mit eben jenen Ego-Shootern, die in der gesellschaftlichen Kritik stehen – eine kreative Ausdrucksform hervorgegangen ist, eine Hybride aus Computerspiel und Film.

Zu allererst stellt sich die Frage: Was ist eigentlich Machinima? Der Begriff Machinima selbst ist ein Neologismus aus „machine" und „cinema", der 1999[6] von Anthony Bailey, damals allerdings noch in der Schreibweise „Machinema", auf der Mailingliste *q2demos* als Bezeichnung für Aufzeichnungen des Spiels QUAKE[7] vorgeschlagen wurde[8]. Dass aus diesem Begriff schließlich „Machinima" wurde, ist einem konsequenten Schreibfehler Hugh Hancocks zu verdanken, der Baileys Wortschöpfung einfach falsch buchstabierte. Mit den erweiterten Konnotationen von „animation", „anime" oder auch „anima", Leben, wurde Hancocks Version von den Beteiligten bereitwillig aufgenommen und blieb haften[9].

Die 2002 gegründete *Academy of Machinima Arts and Sciences* (AMAS)[10] definiert Machinima als „animated filmmaking within a

5 Newman, James (2004): *Videogames*. London/New York: Routledge. S. 147.

6 Die Datumsangaben schwanken zwischen den Jahren 1998 (vgl. Marino, Paul (2004): *3D Game-Based Filmmaking: The Art of Machinima*. Scottsdale: Paraglyph Press. S. 1) und 2000 (Hugh Hancock, der Urheber des Begriffs, setzt allerdings 1999 als Datum; vgl. Hancock, Hugh/Ingram, Johnnie (2007): *Machinima for Dummies*. Hoboken: Wiley Publishing. S. 12).

7 id Software, GT Interactive 1996.

8 Vgl. Hancock/Ingram, *Machinima for Dummies*, S. 12.

9 Vgl. ebd., S. 12f.

10 Die *Academy for Machinima Arts and Sciences* wurde 2002 gegründet und hat ihren Sitz in New York City. Sie dient dazu, für Machinima zu werben, Kontakte mit der Computerspielindustrie zu pflegen und Forum für Machinima-

real-time virtual 3D environment"[11]. Es ist also grob gesagt eine Technik, innerhalb der virtuellen Welt eines Computerspiels Animationsfilme aufzunehmen, die dann editiert und als Filme präsentiert werden. Auch die Filme, die so entstehen, werden als Machinimas bezeichnet[12]. In einer weitergehenden Definition wird Machinima auf der Internetseite der AMAS (http://www.machinima.org) als neues Medium beschrieben, als Zusammenführung der kreativen Medien Film, Animation und 3D-Computerspiel-Entwicklung: Wie im Film wird eine Handlung vor einer Kamera - bzw. aus einem äquivalenten Blickwinkel - aufgenommen; wie bei Animationen sind die Figuren Kunstwesen, denen durch Bewegung in der Zeit Leben eingehaucht wird; und wie in der 3D-Computerspieltechnologie wird ein virtueller, interaktiver Raum für die Handlung geschaffen, der eine relative Bewegungsfreiheit zulässt. In diesem virtuellen Raum sorgt zum Beispiel die Programmierung physikalischer Gesetze dafür, dass nicht jedes Objekt einzeln animiert werden muss, sondern sich den Gesetzen entsprechend verhält. Wird etwa ein Glas von einem Tisch geschoben, fällt es zu Boden und zerbricht, es schwebt nicht in der Luft[13]. Hier nutzen die Machinima-Macher die sogenannten „game engines"[14], eine Software, die Computerspiel-Entwickler produzieren, um die anspruchsvollen Echtzeit-Grafiken, physikalischen Gesetze, Licht, Kameraeinstellungen usw. der Spiele zu koordinieren, die sofort auf jede Bewegung und Aktion des Spielers reagieren müssen[15]. Die Game Engine ist es, die die virtuelle Welt letztendlich kreiert, in der ein Machinima gemacht wird, und die dafür sorgt, dass Bäume sich im Wind

---

Macher zu sein. Vgl. Kelland, Matt/Morris, Dave/Lloyd, Dave (2005): *Machinima. Making Animated Movies in 3D virtual environments*. East Sussex: Ilex. S. 34.

11 Vgl. http://www.machinima.org und Marino, *The Art of Machinima*, S. 1.

12 Vgl. Kelland/Morris/Lloyd, *Machinima*, S. 10.

13 Vgl. Marino, *The Art of Machinima*, S. 2f.

14 Da auch im Deutschen hauptsächlich der englische Begriff benutzt wird, bleibe ich im Folgenden bei dem Anglizismus Game Engine

15 Vgl. Lowood, Henry (2007): High-Performance Play: The Making of Machinima. In: Clarke, Andy/Mitchell, Grethe (Hg.): *Videogames and Art*. Chicago: Intellect Books. S. 60.

bewegen, ein Wasserfall rauscht und Autos, die von einer Rakete getroffen werden, durch die Luft fliegen und explodieren[16].

Damit ist zumindest die technologische Seite von Machinima erklärt, nicht aber Machinima als ein Phänomen, das sich aus dem Spielen von Computerspielen entwickelt hat. Ein Großteil der Fachliteratur zu Machinima beschäftigt sich mit der zugrunde liegenden Technik[17] und was sie im Bereich der Animation leisten kann, zum Beispiel was die Glaubwürdigkeit virtueller Schauspieler angeht[18]. Eine andere, mehr in den Game Studies verhaftete Strömung, versucht sich Machinima vonseiten einer Performanz-Theorie[19] zu nähern, wobei die Produktionstechnik des „virtuellen Puppenspiels", bei der die Avatare von Menschen gespielt werden (im Gegensatz zu vom Programm gesteuerten Figuren)[20], im Vordergrund steht. Die Machinima-Gemeinschaft selbst wiederum stellt mit ihren Veröffentlichungen die Neuheit des Mediums heraus und hebt hervor, welches revolutionäre Potenzial es durch seine Kosten- und Zeit-Effizienz in Bezug auf die Filmindustrie hat[21]. Diesen unterschiedlichen Annäherungen an die Frage, was Machinima ist, möchte ich in dieser Arbeit eine eher historisch angelegte, explorative Untersuchung zur Seite stellen, die Machinima in

---

16 Vgl. Kelland/Morris/Lloyd, *Machinima*, S. 14.

17 Vgl. Katz, S. D. (2005): Is Realtime Real? Part 1. Online unter URL: http://digitalcontentproducer.com/mag/video_realtime_real_part/und Part 2, online unter URL: http://digitalcontentproducer.com/mag/video_realtime_real_part_2/index.html (letzter Zugriff: 29.5.2008).

18 Vgl. Perlin, Ken (ohne Datum): Building Virtual Actors Who Can Really Act. Online unter URL: http://mrl.nyu.edu/~perlin/experiments/virtual-story telling/(letzter Zugriff: 29.5.2008).

19 Vgl. Carrol, John/Cameron, David (2005): Machinima: digital performance and emergent authorship. DIGRA Conference Paper, Changing Views: Worlds in Play. Online unter URL: http://www.gamesconference.org/digra2005/viewabstract.php?id=384 (letzter Zugriff: 16.11.2007) und Lowood, Henry (2005): Real-Time Performance: Machinima and Game Studies. In: *The International Digital Media & Arts Association Journal*, 1,3, S. 10–17. Online unter URL: http://www.idmaa.org/journal/pdf/iDMAa_Journal_Vol_2_No_1_screen.pdf (letzter Zugriff: 29.5.2008).

20 Vgl. Kelland/Morris/Lloyd, *Machinima*, S. 82f und 86f.

21 Vgl. Marino, *The Art of Machinima*, S. xxi und Kelland/Morris/Lloyd, *Machinima*, S. 8.

seiner Einbettung in soziale, kulturelle und ökonomische Beziehungen betrachtet. Machinima, so lautet die Arbeitshypothese, ist ein Kind seiner Zeit, hervorgegangen aus immer leistungsfähigeren Computern und Softwareprogrammen und den sich verschiebenden Positionen von Produzenten und Konsumenten, was Manovich als „new cultural economy"[22] bezeichnet.

Diese seitens der Computerspielindustrie gewünschte und forcierte Teilhabe der Konsumenten in der neuen, kulturellen Ökonomie werde ich unter dem Stichwort der Game-Design-Strategie „transformierendes Spielen" untersuchen. Gleichzeitig fällt dieses Hinterfragen eines traditionellen Verständnisses von Autorschaft unter einen von den Cultural Studies beeinflussten, akademischen Diskurs über Fankulturen, in den ich die Computerspieler/Machinima-Macher einreihen werde. Da es sich aber um eine Fankultur digitaler Medien handelt, stellt sie die Konzepte, die hauptsächlich in der Auseinandersetzung mit TV-Fans entwickelt wurden, vor neue Fragen. Insbesondere die (durchaus kontestierte) Widerständigkeit, die Fan-Subkulturen von den Cultural Studies zugeschrieben wird, muss vor dem Hintergrund neuartiger Wechselbeziehungen zwischen Konsumenten und Produzenten problematisiert werden. Inwiefern man die Produktionen der Machinima-Gemeinschaft dennoch als „widerständiges Produzieren" auffassen kann, werde ich anhand zweier sehr erfolgreicher Machinimas untersuchen, THE FRENCH DEMOCRACY[23] und RED VS. BLUE: THE BLOOD GULCH CHRONICLES[24]. Als „die andere Seite der Killerspiele" und vor allem als Fanproduktionen, so die These, erforschen sie in ihrer Aneignung des Computerspiels dessen unterliegende Implikationen und positionieren sich außerdem in Opposition zu einem dominanten gesellschaftlichen Diskurs über Computerspiele, Gewalt und das daraus resultierende schlechte Ansehen von Computerspielern, was neue Denkanstöße in die Diskussion einbringen kann.

---

22 Manovich, Lev (2001): *Navigable Space*. Cambridge: MIT-Press. S. 245.

23 Koulamata 2005, R.: Alex Chan. Online unter URL: http://www.machinima.com/film/view&id=1407 (letzter Zugriff: 4.4.2009)

24 Rooster Teeth 2003–2007, R.: Matt Burns. Online zu finden unter www.machinima.com.

2. Computerspieler, Fans und Cultural Studies

Die negativen Stereotype von Computerspielern weisen erstaunliche Parallelen zum vorherrschenden gesellschaftlichen Bild von Fans im Allgemeinen auf, die stigmatisiert sind durch ihre Assoziation mit dem Gefährlichen und Zwanghaften, dem Abnormen und dem Lächerlichen[25]. Sie gelten als krankhafte Außenseiter, unfähig, Fantasie und Realität zu trennen, und als willige, *fanatische* Konsumenten einer negativ konnotierten Massenkultur:

> „For many critics of mass culture, the fan has been emblematic of the most obsessive and slavish forms of cultural consumption, consumption which has been understood primarily in terms of metaphors of addiction, religious zealotry, social aberration or psychological imbalance."[26]

Diesem Diskurs steht jedoch ein akademischer Blickwinkel gegenüber, der Fangemeinschaften als Subkulturen in industriellen Gesellschaften versteht, die deshalb untergeordnet sind, weil der Gegenstand ihres Interesses für gewöhnlich ein eher trivialer Medientext ist, der im dominanten Wertsystem eben nicht als „hohe Kunst" gilt[27]. Auf der anderen Seite bieten sie aber gerade darum eine alternative Gemeinschaft für „machtlose", das heißt von kulturellem und ökonomischem Kapital ausgeschlossene Gesellschaftsschichten[28]:

> „Fandom is particularly attractive to groups marginalized or subordinated in the dominant culture - women, blacks, gays, lower-

---

25 Vgl. Lewis, Lisa (Hg.) (1992): *The adoring audience: fan culture and popular media.* London/New York: Routledge. S. 1ff und Jenkins, Henry (1992a): *Textual Poachers: Television Fans and Participatory Culture.* New York/London: Routledge. S. 10.

26 Jenkins, Henry (1992b): 'Strangers No More, We Sing': Filking and the Social Construction of the Science Fiction Fan Community. In: Lewis, Lisa (Hg.): *The adoring audience: fan culture and popular media.* London/New York: Routledge. S. 208.

27 Vgl. Fiske, John (1992): The Cultural Economy of Fandom. In: Lewis, Lisa (Hg.): *The adoring audience: fan culture and popular media.* London/New York: Routledge. S. 30.

28 Vgl. Fiske, The Cultural Economy of Fandom, S. 30–34.

> middle class office workers, the handicapped - precisely because its social organization provides types of unconditional acceptance and alternative sources of status lacking in the larger society."[29]

Fiske und Jenkins bewegen sich mit ihren Aussagen hier innerhalb des Bezugsrahmens der Cultural Studies, die sich seit Mitte der 60er-Jahre, ausgehend vom *Centre for Contemporary Cultural Studies* (CCCS) in Birmingham, entwickelten[30]. Sie brachten zwei Kultur und Publikum betreffende Konzepte in die Geistes- und Sozialwissenschaften ein, die auch für diese Arbeit von besonderer Bedeutung sind. Zum einen brechen die Cultural Studies mit der traditionellen Vorstellung von Kultur, die auf „hohe", elitäre Kunstformen wie klassische Malerei, Literatur und Musik beschränkt ist. Stattdessen fokussieren sie die Populärkultur als Untersuchungsobjekt, also zum Beispiel kommerzielle Unterhaltungsformen wie Seifenopern, Musikvideos oder eben auch Computerspiele[31]. „Kultur" ist dabei in den Cultural Studies ein weit gefasster Begriff, der die gesamte Bandbreite der Bedeutungen und sozialen Erfahrungen der Lebensweise in einer industriellen Gesellschaft einschließt[32]. Dazu gehören auch Prozesse der Bedeutungsschöpfung, durch die Einzelne und Gruppen Sinn aus ihrem Erleben und ihrer Umwelt machen. Kultur wird nicht homogen als das gemeinsame Werteverständnis einer Gesellschaft betrachtet, sondern als Lebensumfeld, das Schauplatz ideologischer Kämpfe verschiedener Gesellschaftsgruppen um Bedeutungen ist, „ein nie zum Stillstand kommender Konflikt über Sinn und Wert von kulturellen Traditionen, Praktiken und Erfahrungen"[33], der sich in die Interpretation und An-

---

29 Jenkins, Strangers No More, S. 213.

30 Vgl. Winter, Rainer (2001): Ethnographie, Interpretation und Kritik: Aspekte der Methodologie der Cultural Studies. In: Göttlich, Udo/Mikos, Lothar/Winter, Rainer (Hg.): *Die Werkzeugkiste der Cultural Studies. Perspektiven, Anschlüsse und Interventionen.* Bielefeld: Transcript. S. 45.

31 Vgl. Raessen, Jost (2005): Computer Games as Participatory Media Culture. In: Goldstein, Jeffrey/Raessen, Jost (Hg.): *Handbook of Computer Game Studies.* Cambridge: MIT Press. S. 374.

32 Nach Althusser, vgl. Fiske, John (1987): British Cultural Studies and Television. In: Allen, Robert C. (Hg.): *Channels of Discourse. Television and Contemporary Criticism.* Chapel Hill: University of North Carolina Press. S. 255.

33 Winter, Ethnographie, Interpretation und Kritik, S. 45.

eignung kultureller Texte im Alltag einschreibt. Daher wäre eine Unterscheidung von Hoch- und Populärkultur als Ausdruck unterschiedlicher Wertigkeit kultureller Praktiken ein Ausdruck gesellschaftlicher Machthierarchien.

Das zweite Konzept, das die Cultural Studies einbrachten, ist das des „aktiven Publikums", das mit der vorherrschenden Vorstellung des Zuschauers als eines passiven, der im Text eingeschriebenen Bedeutung ausgelieferten Objekts brach[34]. Aneignung und Interpretation von Medientexten werden stattdessen als komplexe Prozesse betrachtet, in denen der Rezipient sie auf der Basis seiner eigenen Erfahrung und seines sozialen Kontextes dekodiert, was daher durchaus zu nicht intendierten, widersprüchlichen und widerständigen Lesarten führen kann[35]. Damit ist der Konsument auch in der Lage, je nach Kontext eigene Bedeutungen zu generieren und einen Text für sich, entgegen der Macht einer dominanten eingeschriebenen Ideologie, nutzbar zu machen.[36] Cultural Studies haben vor diesem Hintergrund zum Ziel, „kulturelle Prozesse in ihrer kontextuellen Einbindung in Machtverhältnisse zu erforschen"[37] und Formen des Widerstands in der Auseinandersetzung um Bedeutungen zu untersuchen.

Mit dem Vokabular der Cultural Studies lassen sich Fans daher als widerständig gegenüber der vorherrschenden kulturellen Hierarchie beschreiben - sowohl in der Wahl eines nicht sanktionierten und vermeintlich wertlosen Medientextes als auch in der Art ihrer interpretativen Auseinandersetzung mit ihm[38]. Sie unterlaufen die allgemeine Distanzierung vom Text, die die Vorstellung vom Produzenten auf der einen Seite und bloßen Konsumenten auf der anderen Seite aufbaut. Stattdessen eignen Fans sich kulturelle Symbolgüter an, re-formulieren sie und formen sie zu neuen Bedeutungseinheiten um, die Grundlage

---

34 Vgl. Raessen, Computer Games As Participatory Culture, S. 375.

35 Vgl. Hall, Stuart (2002): Kodieren/Dekodieren. In: Adelmann, Ralf/Hesse, Jan [u.a.] (Hg.): *Grundlagentexte zur Fernsehwissenschaft. Theorie - Geschichte - Analysen.* Konstanz: UVK. S. 121f.

36 Vgl. Fiske, British Cultural Studies and Television, S. 284f.

37 Winter, Ethnographie, Interpretation und Kritik, S. 46.

38 Vgl. Jenkins, *Textual Poachers*, S. 16ff.

werden für die soziale Interaktion innerhalb der Gruppe und in Form selbst produzierter Lieder („filk songs"), Geschichten („fanfiction", kurz: „fanfic"), Bilder („fanart") und Magazine („fanzines") in der Gemeinschaft zirkulieren[39]. Daher bezeichnet Jenkins Fans in Anlehnung an Michel de Certau[40] als „textual poachers"[41]. Sie sind Wilderer der Massenkultur, die in unserer Kultur etablierte Konzepte, wie die Autorität des Autors und geistiges Eigentum, infrage stellen. Fans sind Produzenten, sowohl von Bedeutungen als auch von kulturellen Artefakten, und als solche eine extreme Ausprägung eines aktiven Publikums. In ihrem Bestehen auf Teilhabe an den Medientexten und der Perforation der Grenzen zwischen der Position des Produzenten und des Rezipienten transformieren sie den Medienkonsum in eine komplexe Partizipationskultur[42].

Allerdings ist dieses Modell widerständiger Fankulturen nicht ganz unproblematisch, impliziert es doch einen Binarismus, der den Fan als enthusiastischen Spezialisten, als Teil einer Wissensgemeinschaft[43] dem „bloßen" Konsumenten gegenüberstellt. Auf der anderen Seite macht aber gerade ihre anhaltende Zuwendung und Identifikation mit einem Medientext die Fans zu idealen (weil treuen) Konsumenten, deren Nischenmarkt von den Marketingstrategien und wirtschaftlichen Interessen der Sender oder anderer Produzenten erschlossen wird[44]. Unter diesen Gesichtspunkten ist Fankultur nur eine weitere Form des Konsums. Aber auch die Hervorhebung der produktiven Aktivitäten der Fans - so schreibt Jenkins: „Media Fans are consumers who also produce, readers who also write, spectators who also partici-

39 Vgl. Jenkins, *Textual Poachers*, S. 18.

40 De Certau, Michel (1984): *The practice of everyday life*. Berkeley: University of California Press.

41 Vgl. Jenkins, *Textual Poachers*, S. 24ff.

42 Vgl. ebd., S. 23.

43 Vgl. Jenkins Konzept der *„knowledge communities"* (Jenkins, Henry (2006a): *Convergence Culture: where old and new media collide*. London/New York: New York University Press) oder der *„collective intelligence/knowledge culture"* (Jenkins, Henry (2006b): *Fans, bloggers, and gamers: exploring participatory culture*. London/New York: MIT Press. S. 134–151).

44 Vgl. Hills, Matt (2002): *Fan Cultures*. London: Routledge. S. 28 und 36f.

pate"[45] - impliziert einen Mehrwert der Fankultur gegenüber normalen Konsumenten, wobei sich die Frage stellt, was man eigentlich unter Produktion verstehen will. So macht Fiskes Unterscheidung zwischen der „semiotic productivity", als innerlichem Sinnmachen aus sozialer Identität und Situation in Auseinandersetzung mit dem Text, und einer Fan-spezifischen „enunciative productivity", als Äußerung dieser Vorgänge in seinem sozialen Umfeld (durch „fan talk", Kleidung, Styling etc.)[46], aus fast jedem einen Fan, sodass man mit dieser Kategorie kaum arbeiten kann. Problematisch ist ferner, dass es die Produktion ist, an der sich in Jenkins Anlehnung an De Certeau die Widerständigkeit und Ermächtigung von Fankulturen festmachen. De Certeau theoretisiert die Aneignungspraktiken des Konsumenten, der im Gegensatz zum Produzenten keinen Zugang zu den Mitteln kultureller Produktion hat und sich daher (aus dieser schwachen Position heraus) die Produkte aneignet, um sie für sich neu zusammenzusetzen[47]. In Anbetracht der komplexen Beziehungen von Fans als Konsumenten, Fans als Produzenten, Produzenten und Marktinteressen scheint diese einfache Opposition und die daraus abgeleitete Widerständigkeit und Ermächtigung jedoch dem Gegenstand nicht gerecht zu werden.

Trotz dieser Komplikationen ist es dennoch sinnvoll, an den Begrifflichkeiten festzuhalten, denn sie illustrieren eine Differenz zwischen subkulturellem Gestus und gesellschaftlicher Realität in einer Zeit sozialen und medialen Wandels, in der sich die Positionen aller Beteiligten zueinander verschieben und erst noch Begriffe für die neuen komplexen Beziehungen gefunden werden müssen. Widerstand und Ermächtigung sehe ich dabei weniger in der nicht autorisierten Nutzung fremden geistigen Eigentums als in der Grenzüberschreitung, der Vermischung von Arbeit und Spiel. Sie sind nicht eine Form der Abgrenzung gegenüber „dem Anderen", sondern ein (möglicher) Austausch von Erfahrungen und Ansichten, der in seiner Einbindung in gesellschaftliche Kontexte immer wieder aufs Neue hinterfragt wer-

---

45 Jenkins, Strangers No More, S. 208.

46 Vgl. Fiske, The Cultural Economy of Fandom, S. 37f.

47 Vgl. Hills, *Fan Cultures*, S. 39 und Jenkins, *Textual Poachers*, S. 26.

den muss. Was dabei eine Unterscheidung von Fans und anderen Konsumenten sinnvoll macht, ist nicht unbedingt die Qualität, sondern die Quantität, der Grad ihrer Auseinandersetzung mit dem Medientext.

2.1 Game Culture als Fankultur

Die Parallelen zwischen Computerspielern und Fans sind kaum zu übersehen[48]. Beide agieren aus einer Position der Schwäche heraus, Computerspieler - „Game Fans" - vielleicht sogar noch stärker, da der Medientext im Zentrum ihrer Aufmerksamkeit im gesellschaftlichen Diskurs nicht nur als minderwertig, sondern sogar als gefährlich betrachtet wird. Abseits dieses öffentlichen Diskurses um Computerspieler und Killerspiele hat sich aber auch um Computerspiele eine Kultur entwickelt, die in weiten Teilen mit anderen (älteren) Fankulturen vergleichbar ist.

So gehen die Aktivitäten der Game Fans weit über den unmittelbaren Moment des Spielens hinaus: „[...] videogames are about more than just the act and moment of play itself. [...] there is a raft of activity that supports, amplifies and discusses videogames, their use, design and creation"[49]. In Internetforen und einer Vielzahl von Zeitschriften, die sich an die Zielgruppe der Computerspieler richten, wird zum Beispiel über benötigte Hardware und das Grafikdesign bestimmter Spiele diskutiert, neue Titel werden vorgestellt und bewertet, oder Petitionen zur Übersetzung und Entwicklung bestimmter Titel werden aufgesetzt[50]. Informationen und Strategien werden geteilt, oft in Form von Zusammenstellungen der Tipps und Tricks (sogenannte „cheats"

---

48 Während allerdings Frauen in den älteren Fankulturen eine große Rolle spielen, ist die Fankultur der Computerspieler überwiegend männlich geprägt. Vgl. Jones, Robert (2006): From Shooting Monsters to Shooting Movies. In: Hellekson, Karen/Busse, Kristina (Hg.): *Fan Fiction and Fan Communities in the Age of the Internet. New Essays.* Jefferson, NC/London: McFarland. S. 262 und Coppa, Francesca (2006): A Brief History of Media Fandom. In: ebd. Zu Genderfragen und Machinima siehe Fußnote 189.

49 Newman, *Videogames*, S. 153.

50 Zum Beispiel http://www.pcgames.de/ (letzter Zugriff: 18.4.2008).

oder „walkthroughs"), die heruntergeladen werden können[51]. Ebenso produzieren Computerspielfans Geschichten und Bilder über ihre Lieblingsfiguren, wie sie zum Beispiel auf der Internetseite *Nintendo-Land* (http://www.nintendoland.com) gesammelt sind. Neben diesen traditionelleren Formen von Fanproduktion bieten Computerspiele aufgrund ihrer digitalen Beschaffenheit aber noch weiter reichende Möglichkeiten der Partizipation.

Hier möchte ich eine Unterscheidung zwischen Partizipation und Interaktivität machen. Das Konzept der Cultural Studies von einem aktiven Publikum wurde im Rahmen des Massenmediums Fernsehen entwickelt; Medien wie Computerspiele, die auf Interaktivität und damit auf einem aktiven Benutzer aufbauen, lassen diese Idee überholt erscheinen. Die Unterscheidung, die ich jedoch in Anlehnung an Jenkins hier zwischen Partizipation (als Aktivitäten des Publikums im weitesten Sinne) und Interaktion machen möchte, ist folgende: Interaktion bezieht sich auf die technischen Möglichkeiten auf das Medium einzuwirken, Partizipation umfasst verschiedene Level der Auseinandersetzung mit dem Text, die nicht unbedingt von den Bedingungen des Mediums gesteuert werden, sondern in einen sozialen und kulturellen Kontext fallen:

> „The constraints of interactivity are technological. In almost every case, what you can do in an interactive environment is prestructured by the designer. Participation, on the other hand, is shaped by the cultural and social protocols. [...] Participation is more open-ended, less under the control of the media producers and more under the control of the media consumers."[52]

In welchem Ausmaß man einen Kinofilm bei der Vorführung kommentieren darf, so Jenkins' Beispiel, hängt in erster Linie davon ab, wie tolerant das Kinopublikum in unterschiedlichen subkulturellen oder nationalen Zusammenhängen ist, und hat mit den technischen Möglichkeiten des Mediums Film nichts zu tun[53]. So sind Vorführungen

---

[51] Vgl. Newman, *Videogames*, S. 158.

[52] Jenkins, *Convergence Culture*, S. 133.

[53] Ebd., S. 133.

von THE ROCKY HORROR PICTURE SHOW[54] zum Beispiel oft damit verbunden, dass das Publikum sich verkleidet und in der Hochzeitsszene mit Reis wirft.

Digitale Medien wie Computerspiele bieten neben Möglichkeiten zur kontrollierten Interaktion ebenso einen Raum für nicht autorisierte und unvorhergesehene Arten von Partizipation. Die Verfügbarkeit des PCs und die vergleichsweise einfache Veränderbarkeit der PC-basierten Computerspiele (im Gegensatz zu Konsolenspielen, deren Quellcode nicht zugänglich ist[55]) seit den 90er-Jahren machten es möglich, sie zu hacken und umzuformen. Diese sogenannten „patches" können alles sein, von Fehlerbehebungen im Spielcode bis hin zur Manipulation der Grafik, des Sounds und des Spielverlaufs[56]. Diese Änderungen werden mittlerweile auch als „Mods" bezeichnet (von Modifikation), obwohl ein Mod ursprünglich nur ein Zusatzlevel für das Computerspiel QUAKE war[57].

Einige Modifikationen wildern in anderen populären Texten, wie zum Beispiel der GOLDEN EYE DOOM 2-Mod[58], in dem sich der Spieler als James Bond mit typischer Waffenausrüstung einen Weg durch dem Film nachempfundene Level schießt, oder SOUTH PARK 3D, in dem alle Figuren von WOLFENSTEIN 3D[59] durch Charaktere der Zeichentrickserie ersetzt wurden.

---

54 USA 1975, R.: Jim Sharman

55 Vgl. Schleiner, Anne-Marie (1999): Parasitic Interventions: Game Patches and Hacker Art. Online unter URL: http://opensorcery.net/patchnew.html (letzter Zugriff: 31.3.2008)

56 Vgl. Schleiner, Parasitic Interventions, http://opensorcery.net/patchnew.html

57 Außerdem gibt es noch Wads, das sind Zusatzlevel für DOOM, benannt nach der Datei-Endung, und Skins, zweidimensionale Grafiken, die wie eine Haut um die dreidimensionalen Figuren gewickelt werden können, um ihr Aussehen anzupassen. Vgl. http://www.opensorcery.net/mutation/(unter Glossary) (letzter Zugriff: 28.5.2008).

58 DOOM II: HELL ON EARTH (id Software, GT Interactive 1994).

59 id Software, Apogee Games 1992.

Abb. 1 GOLDEN EYE DOOM 2-Mod

Abb. 2 SOUTHPARK 3D

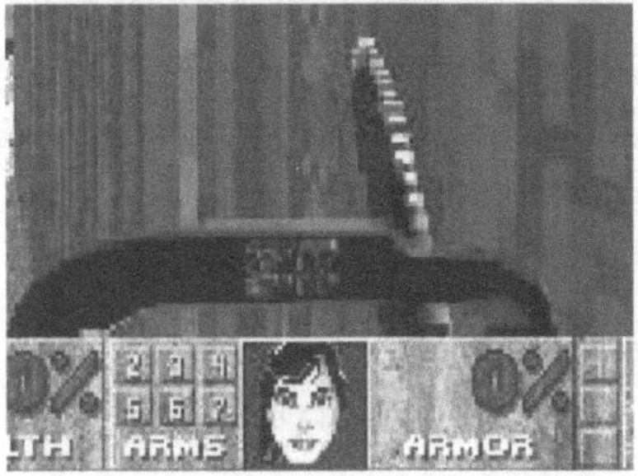

Abb. 3 Ausschnitt v. FEMDOOM

Abb. 4 SIMCOPTER-Hack

Andere Modifikationen sind subversiver, wie etwa Lynn Forests FEMDOOM, in dem das kantige Bild des Protagonisten in der Statusleiste des Originals einfach durch das einer Frau ersetzt wird[60], oder das „Osterei“[61] in SIMCOPTER[62], das zu bestimmten Zeiten, wie etwa dem Christopher Street Day, anstelle der Frauen in Bikinis, die der Spieler normalerweise retten soll, sich küssende männliche Sims in Badehosen erscheinen ließ:

> „While in the process of writing the code for Simcopter, the official programmer for Simcopter, (also a member of the anonymous art collective rtmark), replaced the token female bimbos in bikinis

---

60 Vgl. http://www.opensorcery.net/mutation/patches.html (letzter Zugriff: 1.4. 2008).

61 Das ist eine nicht autorisierte Modifikation durch einen offiziellen Programmierer.

62 Maxis, Electronic Arts 1996.

> with boy bimbos in bikinis, thereby dismantling the heterosexist reward system prevalent in most computer games […]."[63]

Diese auf Aneignung und Subversion basierende Ausformung der Game Culture steht in engem Zusammenhang mit der Subkultur der Hacker. So werden Modifikationen von den Game Fans ganz im Sinne der Hacker-Ethik als Shareware kostenlos im Internet zum Download zur Verfügung gestellt[64]. Tatsächlich kann man sagen, dass Computerspiele selbst aus dem Geist der Hacker geboren wurden. Das erste Computerspiel, SPACEWAR, entstand Anfang der 60er-Jahre, als eine Gruppe junger MIT-Studenten mit dem neuen DEC-PDP-1-Rechner der Universität herumspielte und auslotete, was mit der Technik möglich und legitim war[65]. In Zeiten, als Computer noch so groß wie mehrere Kühlschränke waren und ihre Berechnungen Stunden dauerten, war etwas so Triviales wie SPACEWAR fast eine Häresie. So entstand der Hacker im Umfeld der Universitäten als eine Figur der Problematisierung von Zugangsrechten, sinnvoller Nutzung und Leistungsgrenzen der Hardware[66]. Er war gewissermaßen ein Technik-Fan, und als solcher versuchte er, sich dieses neue Medium spielend anzueignen und zu eigenen Zwecken zu nutzen:

> „Spiele wie dieses [Spacewar] galten im Sinne der Hacker-Ethik als prominenteste Beispiele einer Aneignung von hardwaregewordener Verwaltungstechnik an den Schaltstellen der Macht, als politisch-motivierte Ent- und Verwendung des Computers, als Demokratisierung von Arkanwissen und nicht zuletzt als ästhetisches Experiment mit dem neuen Medium."[67]

Computerspiele waren in ihren Anfängen damit Ausdruck eines widerständigen Produzierens, das von den Hackern als Spiel mit der Technik (als Programmieren, Experimentieren und Basteln) zur Be-

---

63 Schleiner, Parasitic interventions, http://opensorcery.net/patchnew.html

64 Ebd., http://opensorcery.net/patchnew.html

65 Vgl. Pias, Claus (2004): „Children of the Revolution". Video-Spiel-Computer als Kreuzungen der Informationsgesellschaft. In: Pias, Claus (Hg.): *Zukünfte des Computers*. Zürich/Berlin: Diaphanes. S. 219ff.

66 Ebd., S. 219ff.

67 Pias, Children of the Revolution, S. 221.

freiung des Benutzers von einer dominanten Ideologie, die vorschrieb, was mit Computern gemacht werden durfte, verstanden wurde. So deutet Pias die Hacker-Ethik als eine Ethik des Spiels:

> „Jeder darf und soll mitspielen, alle Spieler sind gleich, die Spielregeln und -elemente sollen frei zugänglich sein, das Spiel der anderen soll respektiert und geschützt werden, und das alles soll zu einer besseren Welt führen."[68]

Spiele wie SPACEWAR blieben allerdings hauptsächlich in den Universitäten, während in den 70er-Jahren aus den einst „oppositionellen Computerspielen"[69] Konsumgüter wurden, die erst in den 90er-Jahren wiederum selbst zum Ausgangspunkt technischer Spielereien und Umwidmungen seitens einer breiteren Masse von Game Fans wurden. Ein widerständiger oder oppositioneller Gestus ist der Game Culture damit gewissermaßen in die Wiege gelegt.

2.2 Fankultur im Zeitalter des Internets

Der Rückgriff auf die Wurzeln der Game Culture in der Hackerkultur verdeutlicht ein spezielles Charakteristikum des Computerspiels als Basistext für die Fangemeinschaft: Als Software, also als Programm basierend auf einem digitalen Code, kann es unmittelbar und ohne Qualitätsverlust verändert werden und die Grenzen des Möglichen sind, wie bei den Hackern, die Leistungsgrenzen der Technik[70]. Das heißt, dass Modifikationen nahtlos in das Spiel eingebunden werden können und dass Fanproduktionen in der Qualität unter Umständen nicht von professionellen Produktionen unterscheidbar sind. Die Grenze zwischen den beiden Bereichen wird fließend.

Die digitalen Medien, insbesondere das Internet, veränderten und formten aber die Fankultur generell. Seitdem sie sich Anfang der 90er-Jahre ins Internet verlagerten (zunächst über spezielle Foren und Newsletter, dann auch über Blogs und Netzwerke), haben sich die

---

68 Ebd., S. 220.

69 Ebd., S. 239.

70 Vgl. ebd., S. 219f.

Gemeinschaften verändert: Aus dem persönlichen Kontakt in Fanclubs und auf den sogenannten „Conventions", wo der Einstieg in die Gemeinschaft durch eine Enkulturation von Person zu Person geschah und Fanprodukte physisch greifbar waren, wurde eine fragmentierte Gesamtheit, deren Produkte - elektronisch und kostenlos verfügbar - von Außenstehenden konsumiert werden können und die nun zugänglich ist für jeden, der einen Computer und einen Internetanschluss hat[71]. Die Kommunikations- und Distributionskanäle der Fangemeinschaften wurden damit beträchtlich erweitert. So können sich Fans nicht nur über Ländergrenzen hinweg (sogar in Echtzeit) austauschen, auch ihre Fanproduktionen sind weltweit verfügbar. Fans profitieren aber auch von neuen, kostengünstigen Produktions- und Bearbeitungsprogrammen. STAR-WARS-Fans können an ihren PCs Spezialeffekte erschaffen, die George Lucas vor Jahren noch Tausende von Dollars gekostet haben[72]. Die „Schattenökonomie"[73] der Fankultur, wie Fiske sie nennt, tritt zunehmend aus dem Schatten hervor.

Das bleibt natürlich nicht ohne Folgen. Die neue Sichtbarkeit der Fangemeinschaften und ihrer kulturellen Produktion und die damit verbundene Aufmerksamkeit, die ihnen seitens einer größeren Öffentlichkeit zuteil wird, fordern eine Reaktion der Unterhaltungsindustrie, dessen geistiges Eigentum die Fans verarbeiten:

> „The Web has made visible the hidden compromises that enabled participatory culture and commercial culture to coexist throughout much of the twentieth century. Nobody minded, really, if you photocopied a few stories and circulated them within your fan club. [...] But as those transactions came out from behind closed doors, they represented the visible, public threat to the absolute

71 Vgl. Hellekson, Karen/Busse, Kristina (Hg.) (2006): *Fan Fiction and Fan Communities in the Age of the Internet. New Essays.* London/Jefferson: McFarland. S. 13ff.

72 Jenkins, *Fans, bloggers, and gamers,* S. 140–144.

73 Fiske, The Cultural Economy of Fandom, S. 30.

control the culture industries asserted over their intellectual property."[74]

Dieses Spannungsverhältnis zwischen Produzenten und partizipierenden Konsumenten bedeutet, dass sie sich neu zueinander positionieren müssen, wobei Fragen zu Urheberrecht, geistigem Eigentum und Produktionshierarchien nach neuen Antworten suchen. Die erweiterten Möglichkeiten, die digitale Medien zur Partizipation bieten, verbunden mit dem Kontrollverlust der Kulturindustrie über die Produktionsmittel, lassen sich nicht so einfach zurücknehmen, und obwohl Fans als aktivste Publikumsschicht nur eine Minderheit sind, so sehen Busse und Hellekson schon allein dadurch, dass der Einstieg über das Internet so einfach ist, die Anzahl der Fans steigen - „the result, perhaps, of fandom's pervasive presence online, which, by its mere existence, invites others in."[75] Diese Konfliktlinien zwischen Produzenten und Konsumenten beschreibt Jenkins als Ausprägung oder Phänomen von etwas, das er „convergence culture"[76] nennt, in der alte und neue Medien, Produzenten, Rezipienten und Inhalte auf komplexe Weise miteinander interagieren[77]. Mit diesem Konzept lassen sich die gesellschaftlichen Entwicklungslinien nachvollziehen, die in der Verbindung von partizipierender Fankultur, digitalen Medien und Unterhaltungsindustrie ein Klima schufen, in dem die Evolution von Machinima überhaupt erst stattfinden konnte.

---

74 Jenkins, *Convergence Culture*, S. 137.

75 Hellekson/Busse, *Fan Fiction and Fan Communities in the Age of the Internet*, S. 14.

76 Jenkins, *Convergence Culture*.

77 Ebd., S. 6 und 12.

3. Convergence Culture

Unter „convergence" versteht Jenkins die technologischen, industriellen, kulturellen und sozialen Veränderungen, die mit dem Zusammenwachsen verschiedener Medienindustrien und der Zirkulation von Inhalten über verschiedene Medienkanäle entstehen[78]. Technologische Medienkonvergenz heißt zum Beispiel, dass man mit einem Handy nicht nur telefonieren kann, sondern dass es außerdem die Funktionen anderer Geräte einschließt: es ist gleichzeitig Internetzugang, Spielkonsole, Fotoapparat etc[79]. Konvergenz beschreibt außerdem die Entstehung von Medienkonglomeraten in der Unterhaltungsindustrie, die sich nicht länger auf eine einzelne Sparte, etwa Printmedien, beschränken. *Time Warner* beispielsweise umfasst unter anderem die Produktion von Musik, Filmen, Fernsehserien, Nachrichten und Spielzeugen und bietet außerdem Internet- und Kabeldienste[80]. Für die Konsumenten bedeutet es im Gegenzug eine andere Art, mit Medien umzugehen, denn solch eine horizontale Integration begünstigt die Distribution von Inhalten über mehrere Kanäle gleichzeitig. Ein wichtiger Bestandteil der Convergence Culture ist daher ein aktives Rezipieren des Konsumenten, der Informationen gezielt über verschiedene Medienkanäle verfolgen muss. Der Medienkonsument wird zum Mitwirkenden[81]. Jenkins benutzt hier das Beispiel eines Teenagers, der am Computer Hausaufgaben macht, dabei Musik aus dem Internet herunterlädt, mit Freunden chattet und E-Mails beantwortet[82]. Genauso kann man auch einen Machinima-Fan beschreiben, der in einem Forum über seine Lieblingsserie diskutiert, die Preise neuer Grafikkarten vergleicht, Mods und Skins für seine eigene Version von STAR TREK

78 Vgl. ebd., S. 2f.

79 Vgl. Jenkins, *Convergence Culture*, S. 4f.

80 Vgl. URL: http://www.timewarner.com (letzter Zugriff: 27.3.2008) und URL: http://de.wikipedia.org/wiki/Time_Warner (letzter Zugriff 27.3.2008).

81 Vgl. Jenkins, Henry/Deuze, Mark (2008): Editorial: Convergence Culture. In: *Convergence: The International Journal of Research Into New Media Technologies* 14,1, London/Los Angeles [u.a.]: Sage Publications. S. 6.

82 Jenkins, *Convergence Culture*, S. 16.

herunterlädt, sein Drehbuch per E-Mail an seine Sprecher verschickt und schließlich das eigene Werk ins Internet stellt.

Die Möglichkeit, durch neue Technologien Medieninhalte zu archivieren, zu kommentieren, zu bearbeiten und weiterzuleiten, zusammen mit dem Hervortreten einer Reihe von (Fan-)Subkulturen, die mit ihrer Do-it-yourself-Ideologie eine solche Nutzungsweise der Technologien propagieren, und einer aktiven Mediennutzung, die Informationen und andere Inhalte über verschiedene Medienplattformen hinweg verfolgt, verändert die Beziehungen zwischen Konsumenten und Medientexten, aber auch zwischen Produzenten und Konsumenten[83]. In dieser gewandelten medialen Umgebung wird deutlich, wie fließend die Grenzen zwischen Produktion und Konsum sind, und damit werden auch herkömmliche Einteilungen in Produzenten und Rezipienten infrage gestellt:

> „Rather than talking about media producers and consumers as occupying separate roles, we might now see them as participants who interact with each other according to a new set of rules none of us fully understands."[84]

Die Antworten der Unterhaltungsindustrie auf diesen Wandel sind widersprüchlich, bietet die Partizipation der Konsumenten doch einerseits einen Nutzen, was die Vermarktung und sogar Produktion angeht, andererseits droht sie den Rechteinhabern die Kontrolle über ihre Waren und die damit verknüpften Bedeutungen zu entziehen. Jenkins macht zwei charakteristische Ansätze aus, die die Unterhaltungsindustrie wählt, obwohl unterschiedliche Sparten in ein und demselben Unternehmen unterschiedliche Strategien verfolgen können. Zum einen lässt sich eine prohibitive Haltung erkennen, die auf der strikten Wahrung der Eigentumsrechte besteht, Konsumenten kriminalisiert und der Partizipation mit rechtlichen Schritten begegnet. Dies geschieht vor allem in der Film-, Fernseh- und Musikindustrie. Auf der anderen Seite nehmen aber insbesondere Firmen aus dem Bereich der Neuen Medien eine eher kollaborative Haltung ein und nutzen die

---

83 Vgl. Jenkins, *Fans, bloggers, and gamers*, S. 136f.

84 Jenkins, *Convergence Culture*, S. 3.

Partizipation der Konsumenten für die Produktion von Inhalten und die Mund-zu-Mund-Propaganda zu Vermarktungszwecken[85].

3.1 Die Computerspielindustrie als Kollaborateure

Das beste Beispiel für eine kollaborative Haltung gegenüber Fans bzw. partizipierenden Mediennutzern ist die Computerspielindustrie, die es im Großen und Ganzen geschafft hat, ihre Konsumenten einzubeziehen und sich die Aktivität der Game Fans zunutze zu machen, auch wenn zum Beispiel der beschriebene SIMCOPTER-Hack zur Entlassung des verantwortlichen Programmierers, Jacques Servin, und zu einer Rückrufaktion von mehr als 50.000 verkauften Spielen führte[86].

Als Erste machte die Firma *id Software* 1994 den Quellcode für ihr Spiel DOOM[87] den Spielern zugänglich und unterstützte und bestärkte damit ganz offiziell die Fangemeinschaft der „Modder". Sie war auch die Erste, die, um die Graswurzel-Produktion zu fördern, ihr Spiel nicht nur als Kaufversion, sondern auch als kostenlose (wenn auch abgespeckte) Shareware vertrieb und damit ein neues Vertriebssystem in den Computerspielmarkt einführte[88]. Auch für QUAKE wurde schließlich der Quellcode veröffentlicht, und es wurde mit „QuakeEd", einem Editor, vertrieben, der die Modifikation noch leichter machte. Das Ergebnis war, dass Spieler unter anderem ganz neue Spielvarianten entwickelten, wie etwa „Capture the Flag" oder „Team Fortress", in der die Spieler sich für eine Klasse (Spion, Scharfschütze, Sanitäter usw.) entscheiden und dann als Team zusammenarbeiten müssen.

---

85 Ebd., S. 134f.

86 Vgl. Silbermann, Steve (1996): Boy 'Bimbo' too much for Game-Maker Maxis. In: *Wired*, 12. März. Online unter: URL: http://www.wired.com/culture/lifestyle/news/1996/12/775 (letzter Zugriff: 1.4.2008).

87 id Software, CDV Software Entertainment/PEARL Agency 1994; die Angabe der Jahreszahl variiert in der Literatur zwischen 1993 (Lowood, Wikipedia) und 1994 (id Software, Marino usw.), vermutlich weil verschiedene Versionen als Shareware über das Internet und als Kaufversion auf CD-Rom veröffentlicht wurden.

88 Vgl. URL: http://www.idsoftware.com/business/history/(letzter Zugriff: 28.5.2008).

Die Spielerproduktionen verlängern die Lebensdauer eines Spiels, das sonst nach ein- oder zweimaligem Durchspielen nicht mehr von Interesse wäre: So finden sich selbst zum ersten DOOM-Spiel noch immer eine Vielzahl neuer Mods im Internet[89]. Solche Modifikationen bieten für die Computerspiel-Entwickler auch ein Feedback, anhand dessen sie ihre Produkte verbessern können. So tauchten weibliche Figuren erst in *QUAKE II*[90] auf, nachdem Fans selbst weibliche Avatare entworfen hatten:

> „But Id software [sic] did not anticipate players wanting to play a female character and included only one 3d-modeled figure in the game, a muscular male. Thus was spawned a legion of brawny 'frag queens', women whose skin-tight apparel reveals bulging muscles with no hint of an hour glass figure. Responding to the strong desire for female avatars expressed by both male and female Quake players, subsequent versions of Quake included a female 3-D model."[91]

Darüber hinaus haben Modder als Hobbyisten natürlich auch eine unbegrenzte Freiheit zu experimentieren, während die Entwicklungsstudios angesichts der beträchtlichen Investition, die ein Computerspiel darstellt, für gewöhnlich keine Risiken eingehen können und wollen[92]. An der Beliebtheit bestimmter Mods lassen sich Tendenzen ablesen, welche Konzepte funktionieren, und sie können mit vermindertem Risiko in eigenen Neuentwicklungen aufgenommen werden. Die Fangemeinschaft bietet den Unternehmen also kostenlose Marktforschung. Erfolgreiche Experimente können außerdem nachträglich in kommerzielle Versionen integriert oder sogar als eigenes Spiel verkauft werden[93]. So war zum Beispiel das Spiel COUNTER-STRIKE[94] ur-

---

89 Vgl. URL: http://www.moddb.com/ (letzter Zugriff 25.5.2008).

90 id Software, Activision 1997.

91 Online unter URL: http://www.opensorcery.net/mutation/ (unter: patches) (letzter Zugriff: 28.5.2008).

92 Jenkins, *Convergence Culture*, S. 164.

93 Vgl. Jenkins, *Fans, bloggers, and gamers*, S. 148.

94 Valve Software, Sierra Entertainment 2001 [erstmals veröffentlicht 1999].

sprünglich „nur" eine Modifikation von HALF-LIFE[95], bevor es 2001 von *Valve* und *Sierra Entertainment* selbst als Verkaufsversion herausgebracht wurde[96]. Die Modder, die COUNTER-STRIKE entwickelt haben, sind zum Teil ebenso bei *Valve* untergekommen, was veranschaulicht, dass die Fangemeinschaft auch als Rekrutierungsbasis und Talentpool dient. Dies untermauert weiter, dass die Grenzen zwischen Amateur- und professioneller Produktion verwischen[97]. Die Teilhabe der Spieler am Spiel, die Möglichkeit, selbst zu produzieren statt nur zu konsumieren, ist zu einem zentralen Erfolgsfaktor in der Branche geworden, obwohl es zahlenmäßig nur wenige Spieler sind, die von ihren Möglichkeiten auch Gebrauch machen[98]. Die Gruppe der engagierten, kreativen Spieler aber ist es, die den Erfolg eines Spiels trägt und die von den Firmen umworben wird:

> „We are competing with other properties for these creative individuals. All of these different games are competing for communities, which in the long run are what will drive our sales. [...] What you can do to make a game more successful is not to make the game better but to make the community better." (Will Wright, *Maxis*)[99]

Neben dem Kontakt zu den Fangemeinschaften und ihrer Einbindung in Planungsprozesse (wie es zum Beispiel bei STAR WARS GALAXIES[100] geschehen ist[101]) dient vor allem das Game Design selbst dazu, Anknüpfungspunkte zwischen Spieler und Spiel zu schaffen.

95 Valve Software, Sierra Entertainment 1998.

96 Vgl. URL: http://de.wikipedia.org/wiki/Counterstrike (letzter Zugriff: 21.4. 2008).

97 Vgl. Jenkins, *Convergence Culture*, S. 164.

98 Vgl. Salen, Katie/Zimmerman, Eric (2004): *Rules of play: game design fundamentals*. Cambridge: MIT Press. S. 540.

99 Zit. nach: Jenkins, *Convergence Culture*, S. 167.

100 Verant Interactive/Lucas Arts, Sony Online Entertainment 2003.

101 Vgl. Jenkins, *Convergence Culture*, S. 159–166.

3.2 Game Design: Offene Systeme und transformierendes Spielen

Um die Spieler an ein Spiel zu binden und ihre Wünsche nach Teilhabe zu berücksichtigen, hat sich eine Game-Design-Strategie herausgebildet, die Computerspiele als „offene Systeme"[102] konzipiert. Das heißt, der „magische Kreis"[103] des Spiels ist durchlässig - ein Begriff, den Salen und Zimmerman in Anlehnung an Huizingas „Spielplätze"[104] verwenden, um zu beschreiben, dass ein Spiel einen besonderen zeitlichen und räumlichen Ort des Spielens erschafft, in den man ein- und austritt. In einem offenen System wird das Spiel in einen Austausch mit seiner Umwelt gesetzt, indem dem Spieler die Möglichkeit gegeben wird, das Spiel zu manipulieren und zu modifizieren:

> „Designs for open system games include conditions that let the player affect the games as producers - of new game worlds, stories, and characters. Open system games, in other words, are designed to be manipulated and modified by the people who purchase and play them."[105]

Salen und Zimmerman bezeichnen dies auch als „player-as-producer-paradigm"[106] des Game Designs. Laut Will Wright, Erfinder von DIE SIMS[107], werden etwa 60 Prozent der Spielinhalte von der Fangemeinschaft der Spieler beigesteuert[108]. Darunter sind einige wenige Spieler, die digitale Werkzeuge zur Entwicklung neuer Inhalte machen, zum Beispiel Programme zur Modellierung neuer 3D-Körper, dann eine Reihe von Spielern, die neue Objekte, wie zum Beispiel Avatare oder Haushaltsgegenstände, kreieren, gefolgt von Webmastern, über deren

---

102 Vgl. Salen/Zimmerman, *Rules of Play*, Kapitel 5, S. 49–55.

103 Vgl. ebd., Kapitel 9, S. 93–99.

104 Huizinga, Johan (1956): *Homo Ludens: vom Ursprung der Kultur im Spiel*. Hamburg: Rowohlt. S. 17 und S. 19f.

105 Salen/Zimmerman, *Rules of Play*, S. 539.

106 Ebd., S. 539.

107 Maxis, EA Games 2000.

108 Vgl. Jenkins, *Convergence Culture*, S. 166; J. C. Hertz geht sogar von 90 Prozent aus, vgl. J. C. Hertz (2002): Gaming the System: Multi-player Worlds Online. In: King, Lucien (Hg.): *The History and Culture of Video Games*. London: Laurence Ling Publishing. S. 91.

Internetfanseiten diese Artikel verbreitet werden. Das Spiel ist auf Code-Ebene modular strukturiert und damit so entworfen, dass es verhältnismäßig einfach erweitert und manipuliert werden kann[109]. Durch die offizielle Internetpräsenz (http://www.thesims.de für Deutschland), die als Eintrittspunkt in die Welt der Fanseiten und Fanproduktion dient, und die im Spiel selbst integrierten Möglichkeiten, legal aus dem Internet Objekte für die Spielwelt oder auch Patches für einen abgewandelten Spielverlauf herunterzuladen[110], wird eine Tauschkultur gefördert: Die Fans haben eine Form von Gütern, die sie zirkulieren lassen können, wodurch die Ausbildung der Gemeinschaft gestärkt wird. Es scheint paradox, dass die Konsumenten, die für das Spiel bezahlt haben, auch noch selbst Inhalte produzieren müssen, aber die Produktion selber wird zu einem erweiterten Teil des Spielerlebnisses gemacht:

> „[...] the game companies have been able to convince their consumers to generate a significant amount of free labor by treating game design as an extension of the game-play experience."[111]

Betrachtet man die Möglichkeit zur Veränderung und Modifikation, also die explizite kreative Einwirkung des Spielers, als Teil der Spiel-Erfahrung, so ändert sich die Art des Spielens von freier Bewegung innerhalb der vorgegebenen Regeln[112] zu einer Form des „transformierenden Spielens", die nicht innerhalb der vorgegebenen Strukturen bleibt, sondern darüber hinausgeht und die Struktur des Spiels verändert:

> „Transformative play is a special case of play that occurs when free movement of play alters the more rigid structure in which it takes shape. The play doesn't just occupy and oppose the interstices of the system, but actually transforms the space as a whole."[113]

---

109 Vgl. Salen/Zimmerman, *Rules of Play*, S. 540.

110 Vgl. ebd., S. 539.

111 Jenkins, *Convergence Culture*, S.165.

112 Vgl. Salen/Zimmerman, *Rules of Play*, S. 304.

113 Salen/Zimmerman, *Rules of Play*, S. 305.

Dieses Konzept von Salen und Zimmerman basiert auf den grundlegenden Überlegungen, dass Spiele „werdende Systeme" („emergent systems"[114]) sind, in denen der Designer ein Grundgerüst an Regeln und Beziehungen zwischen den Objekten der Spielwelt kreiert. Welche Form das Spielen dann annimmt, ist eine Frage der Interaktion zwischen dem Spieler und den Regeln und kann vom Designer nicht vollständig antizipiert werden:

> „Because the creators of emergent systems, like generative music or games, can never fully anticipate how the rules will play out, they are limited to the design of the formal structures that go on to produce patterns of events."[115]

Salen und Zimmerman benutzen hier das Beispiel des Bluffens beim Pokern: Die Strategie, vorzugeben, ein besseres Blatt auf der Hand zu haben, als man tatsächlich hat, ist eine zentrale Komponente des Spiels. Sie ist aber nicht in den Regeln beschrieben, sondern vielmehr aus der Prozedur des Wettens, den verdeckten Karten und dem Wunsch zu gewinnen erwachsen[116]. Spielen definiert sich für sie daher als freie Bewegung innerhalb der Regelstruktur[117], die unerwartete Handlungsmuster hervorbringen kann[118]. Transformierendes Spielen, so Salens und Zimmermans Definition, ändert diese Ausgangsstrukturen. Hier wird ihr Konzept etwas schwammig, denn Spielen und transformierendes Spielen lässt sich nicht immer genau trennen:

> „Although every instance of play involves free movement within a more rigid structure, not all play is transformative. Often, whether or not we can consider play as transformative play depends on the way we frame the play experience."[119]

---

114 Vgl. ebd., Kapitel 14, S. 150–171.

115 Salen, Katie (2002): Quake! Doom! Sims! Transforming Play: Family Album and Monster Movies. Online unter: http://www.walkerart.org/archive/7/A5736D3C789330FC6164.htm (letzter Zugriff: 21.5.2008).

116 Vgl. Salen/Zimmerman, *Rules of Play*, S. 164.

117 Ebd., *Rules of Play*, S. 304.

118 Ebd., S.158.

119 Ebd., *Rules of Play*, S. 305.

Gerade wenn man Computerspiele betrachtet, die darauf ausgelegt sind, den Spieler als Produzenten einzubinden, gerät man mit dieser Definition in eine Grauzone: Lassen die Regeln eine Transformation der Inhalte zu, so bewegt sich der Spieler eigentlich nur frei innerhalb der Regelstrukturen, wenn vielleicht auch mit unerwarteten Konsequenzen. Daher will ich den Begriff des transformierenden Spielens mit der Vorstellung eines offenen Systems zusammenbringen und hier bildhaft als Grenzüberschreitung fassen, die etwas von außerhalb des magischen Kreises in das Spiel einbindet oder umgekehrt etwas aus dem Spiel heraus in einen anderen Kontext übersetzt. Ersteres findet zum Beispiel statt, wenn Spieler eigene Skins oder andere Modifikationen, die ja für gewöhnlich außerhalb des unmittelbaren Spielerlebnisses in einer Art „Meta-Gaming"[120] entstehen, in das Spiel einbringen. Es kann sich aber auch um einen anderen Austausch von Bedeutungen handeln, wie zum Beispiel bei der Erfindung von „Jenny" in der mittelalterlichen Fantasiewelt des Online-Rollenspiels ULTIMA ONLINE[121]. Bei ULTIMA ONLINE gibt es eine ganze Reihe möglicher Berufe, die ein Spieler erlernen und ausüben kann, um damit virtuelles Geld zu verdienen, vom Waffenschmied bis zum Tiertrainer. Allerdings überging ein einfallsreicher Spieler dieses System vorgefertigter Berufe mit zwei Charakteren namens Jenny und Pimp Daddy, mit denen er Prostitution als Gewerbe in die Spielwelt einführte. Und obwohl die Avatare nicht wirklich sexuelle Handlungen ausführen konnten, war die implizierte Narration genug, um es zu einem einkömmlichen Beruf zu machen[122].

Ein Beispiel für die Bewegung von innerhalb des magischen Kreises nach außen ist die Funktion des Familienalbums bei DIE SIMS. Ausgehend von der Prämisse, dass Spieler das Spielgeschehen narrativ verarbeiten, war es ursprünglich dazu gedacht, den Spielern die Möglichkeit zu geben, Stationen im Leben ihrer Sims als Bilder festzuhalten und in einem Album zu ordnen, was vom Standpunkt des Game De-

120 Vgl. Salen/Zimmerman, *Rules of Play*, S. 481 und 540.

121 Origin Systems, Electronic Arts 1997.

122 Vgl. Salen/Zimmerman, *Rules of Play*, S. 538f.

signs eine weitere Strategie ist, um eine gute und aktive Spielergemeinschaft zu fördern:

> „Because players have a tendency to construct stories from their game play experiences and to share these stories with others, giving players tools to craft these stories strengthens social community by providing an economy of exchange. These tools also deepen player engagement, as they encourage play in new and often innovative ways."[123]

Allerdings benutzten es Spieler schon bald nicht mehr, um ihr Spiel nachzuerzählen, sondern um Geschichten zu erschaffen, die als Bilderfolge mit kurzen Bildunterschriften über das Internet verbreitet wurden. Darunter sind persönliche Geschichten über Freundschaft, Alkoholprobleme oder häusliche Gewalt, aber auch Anleihen aus der Populärkultur, wie Science-Fiction-Geschichten aus dem STAR-WARS-Universum, oder – fast ein wenig selbstreflexiv – DIE SIMS als BIG-BROTHER-Realityshow.[124] Innerhalb des Spielkontextes wurde aus der dokumentarischen Funktion des Familienalbums ein kreatives Werkzeug, und im Zuge dessen veränderten sich das Spielziel und die Strategie, dieses zu erreichen:

> „Players quickly began to make adjustments to the way they played the game, in order to compose the exact 'shots' they wanted for their storyboard-like narratives. Strategies for successful game play, such as keeping game characters happy, were superceded by strategies for positioning objects and characters in a scene."[125]

Die Familienalbum-Funktion ist ein Beispiel dafür, wie Funktionen eines Spiels auf unvorhergesehene Weise genutzt werden können und die Art und Weise zu spielen grundlegend ändern. Indem transformie-

---

123 Salen/Zimmerman, *Rules of Play*, S. 415.

124 Vgl. ebd., S. 541 und Salen, Quake! Doom! Sims!. Online unter URL: http://www.walkerart.org/archive/7/A5736D3C789330FC6164.htm (letzter Zugriff: 21.5.2008); ebenso Terdiman, Daniel (2003): Every Sims Picture Tells a Story. In: *Wired*, 7. Februar. Online unter URL: http://www.wired.com/gaming/gamingreviews/news/2003/07/59461?currentPage=all (letzter Zugriff: 14.4. 2008).

125 Salen/Zimmerman, *Rules of Play*, S. 544.

rendes Spielen unter dem Spieler-als-Produzenten-Paradigma im Game Design zugelassen wird, akzeptieren - und fördern - die Entwickler, dass die Spiel-Erfahrung sich an den Rand des unmittelbaren Spielraums bewegt[126] und etwas Neues entstehen kann. Unter diesen Gesichtspunkten ist auch die Entstehung von Machinima zu betrachten.

126 Ebd., S. 415.

4. Die Entwicklung von Machinima aus Computerspielen

Als früher Vorläufer von Machinima wird die Demoszene gesehen, die in den 80er-Jahren daraus hervorging, dass Hacker geknackte Software mit kurzen Animationen, sogenannten „Intros", markierten[127]. Die eigentliche Geschichtsschreibung der Machinima-Gemeinschaft beginnt aber in der Regel 1994 mit der Veröffentlichung des Ego-Shooters DOOM von *id Software*. DOOM war als eines der ersten Spiele mit einer Funktion ausgestattet, die es Spielern erlaubte, das Spielgeschehen aufzuzeichnen und später wiederzugeben[128]. Diese sogenannten „Demos" wurden von Spielern aufgenommen, um ihr Können unter Beweis zu stellen, und konnten über das Internet an Freunde versandt werden, die selbst eine Version des Spiels besaßen, um das Demo wieder abzuspielen. Gegenüber seinem indirekten Vorgänger, WOLFENSTEIN 3D, zeichnete es sich vor allem durch bessere Grafik und Netzwerktechnologie aus und führte damit die Möglichkeit ein, im Mehrspielermodus gegen bis zu vier weitere Spieler anzutreten und eine neue Spielvariante, das „deathmatch", den Todeskampf zweier oder mehrerer Kontrahenten, zu spielen[129]. Dadurch wurden die Grundsteine gelegt, Computerspiele auf eine neue, wettstreitorientierte Art zu spielen. Der Wettstreit zwischen den Spielern schuf dabei sowohl ein Publikum, das die Demos anschauen wollte (entweder, um selbst etwas zu lernen, oder auch nur, um die Fertigkeit des Spielers zu bewundern), als auch eine neue Art von Spieler: den Spieler als Performer[130].

Die Veröffentlichung des Ego-Shooters QUAKE 1996, ebenfalls von *id Software*, war der nächste Schritt in der Entwicklung hin zu Machinima. Das Spiel war gegenüber DOOM vor allem ein weiterer techni-

---

127 Vgl. Marino, *The Art of Machinima*, S. 5f.

128 Vgl. ebd., S. 3.

129 Vgl. Lowood, High-Performance Play, S. 61 und URL: http://www.idsoftware.com/business/history/ (letzter Zugriff 29.1.2008).

130 Vgl. Lowood, High-Performance Play, S. 64.

scher Fortschritt, denn es ermöglichte und popularisierte den Mehrspieler-Modus nicht nur für LAN-Netzwerke, sondern auch in viel stärkerem Maße als vorher über das Internet (mit DOOM waren nur sogenannte Head-to-Head-Verbindungen, also direkte Verbindungen von Modem zu Modem möglich gewesen[131]). Zumindest für QUAKE II ist belegt, dass bis zu 32 Spieler nun gegeneinander und miteinander antreten konnten[132]. Das förderte (und forderte) die Gründung von Teams, auch „Clans" genannt, die gegeneinander antraten, und eine starke internetbasierte Fangemeinschaft entstand um das Spiel herum. Damit wuchs auch das Publikum für Demos oder „Quake Movies"[133], wie sie bald genannt wurden. Es entstanden spezialisierte Webseiten, von denen man sie zur Unterhaltung oder auch um potenzielle Gegner zu studieren, herunterladen konnte[134]. Mit dem Wettkampf zwischen den Clans[135] und der Entstehung von Serien, wie etwa „Quake Done Quick" (sogenannte „speedruns"), in der es um das technische Geschick geht, ein Level schnellstmöglich zu durchqueren, oder der *Trickjumping Community*, die die Kunst des Springens in den Vordergrund stellt, wobei das Spiel selbst soweit in den Hintergrund gedrängt wird, dass ganze Level ohne einen einzigen Gegner gebaut werden, wurden Quake Movies zu mehr als bloßen Spieldemonstrationen, sie wurden zu Sportaufzeichnungen und Unterhaltung:

---

131 URL: http://www.idsoftware.com/business/history/ (letzter Zugriff 29.1. 2008).

132 Hier gibt es Unstimmigkeiten: auf der Internetseite von id Software (vgl URL: http://www.idsoftware.com/business/history/) wird QUAKE als ein Einzelspieler-Spiel beschrieben, und erst QUAKE II (1997) erlaubt es, gegen 32 weitere Spieler anzutreten. Allerdings wird in sämtlicher Literatur schon QUAKE als Multiplayer beschrieben. Ebenfalls auf der Homepage von id Software findet sich aber auch die Information, dass QUAKE I 32 Einzelspieler- und sechs „deathmatch"-, also Mehrspieler-Level hat. URL: http://www.idsoftware.com/games/quake/quake/ (letzter Zugriff: 28.5.2008).

133 Marino, *The Art of Machinima*, S. 6.

134 URL http://cineplex.planetquake.gamespy.com/, URL: http://psykspopcornjungle.blogspot.com/ (letzter Zugriff: 28.5.2008) u. a.

135 QUAKE bzw. seine Nachfolger sind auch zentrale Spiele in der Entwicklung des E-Sports; vgl. URL: http://de.wikipedia.org/wiki/E-Sport (letzter Zugriff: 19.3.2008).

„The demos had become more than the digital recordings of game events - they became entertainment for a new audience."[136]

Auch aus grafischer Sicht war QUAKE ein weiterer Meilenstein in der Entwicklung hin zu Machinima, denn *id Software* brachte damit ihren ersten „echten"[137] 3D-Shooter heraus, mit komplett dreidimensionaler Umgebung, in dem erstmals auch Gegner und Gegenstände dreidimensional waren und nicht zweidimensionale „sprites"[138] wie in DOOM. Der Spieler konnte in der virtuellen Spielwelt über und unter Gegenstände schauen und war in seinen Bewegungen praktisch nicht mehr eingeschränkt. Diese Freiheit in Bewegung und Perspektive bedeutete für die Spieler die Möglichkeit, ihre Demos mehr an filmischer Ästhetik und Sprache zu orientieren, ihnen „cinematic flare"[139] zu geben, und dies war, laut Marino, ein Wendepunkt: „[A]t this point a critical shift occured - the viewpoint of the player became the viewpoint of a director."[140] Ein wichtiger Schritt in der Machinima-Entwicklung wurde noch im selben Jahr, im Oktober 1996, gemacht: Der Quake-Clan *The Rangers* schuf das erste Demo mit einer, wenn auch simplen, Narration. DIARY OF A CAMPER[141], so der Titel, ist die 100-sekündige Geschichte eines Soldaten, der allein den Ranger-Clan herausfordert und dafür sterben muss. Die Spieler wurden wie Schauspieler eingesetzt und choreografiert, während ein Spieler sozusagen als Kamera fungierte und das Geschehen aufzeichnete. Sogar Dialog war, zumindest in geschriebener Sprache, durch die Chatfunktion des Spiels Teil des Films. Rückblickend gilt DIARY OF A CAMPER als der ers-

---

136 Marino, *The Art of Machinima*, S. 4.

137 Erstmals waren auch Gegner und Gegenstände aus Polygonen, während sie aufgrund geringerer Computerleistung in DOOM noch zweidimensionale sogenannte *„sprites"* waren; vgl. hierzu auch: URL: http://de.wikipedia.org/wiki/Quake (letzter Zugriff: 23.1.2008).

138 Vgl. URL: http://de.wikipedia.org/wiki/Sprite_(Computergrafik) und URL: http://de.wikipedia.org/wiki/Quake (letzter Zugriff: 16.4.2008).

139 Marino, *The Art of Machinima*, S. 4.

140 Ebd., S. 4.

141 United Ranger Films 1996, R.: Matthew van Sickler. Online unter URL: http://www.youtube.com/watch?v=uSGZOuD3kCU (letzter Zugriff: 29.8.2008).

te Machinima, als erster narrativer Film, kreiert innerhalb eines Computerspiels[142].

Der nächste Schritt war die Entwicklung spezifischer Hilfsmittel zur Aufnahme und Editierung der Demo-Dateien, wie das von Uwe Girlich entwickelte *Little Movie Processing Center* (LMPC), das Demo-Dateien in Text-Dateien umwandelt, die dann bearbeitet werden können, oder das von David Wright entwickelte *Keygrip*, mit dem die Technik des „recamming" eingeführt wurde[143]. Durch Recamming können im Nachhinein noch weitere Kameras hinzugefügt und Kamerapositionen verändert werden. Die Besonderheit am Demo-Format ist nämlich, dass nur die jeweiligen Positionen der Figuren und Objekte und ihre Bewegungen sowie die Blickwinkel innerhalb der Game Engine gespeichert werden, nicht die gesamte Information jeder einzelnen Einstellung, wie es für ein Video notwendig wäre[144]. Demos sind sozusagen nur Spielanweisungen, die die Game Engine instruieren, welche Aktion zu welcher Zeit ausgeführt werden muss: „To play the demo, the game engine just executes those instructions as if there were a real person playing the game."[145] Daher sind Änderungen des aufgenommenen Demos schon allein durch die Veränderung einer Codezeile möglich.

Modifikationen dieser Art waren vor allem deshalb möglich, weil *id Software* seit DOOM den Code seiner Spiele offenlegte und den Spielern zugänglich machte. Die Veröffentlichung von QUAKE III ARENA[146] machte hier eine Ausnahme: *id Software* beschloss seinen Code zu schützen und drohte der Fangemeinschaft damit, bei Missachtung rechtliche Schritte einzuleiten[147]. Das bedeutete, dass *LMPC* und *Keygrip* nicht auf die neueste, leistungsstärkste Game Engine angepasst werden konnten und diese damit nicht für die Produktion von Quake

142 Marino, *The Art of Machinima*, S. 6.

143 Kelland/Morris/Lloyd, *Machinima*, S. 28.

144 Kelland/Morris/Lloyd, *Machinima*, S. 32.

145 Ebd., S. 32.

146 id Software, Activision 1999.

147 Vgl. Marino, *The Art of Machinima*, S. 10f.

Movies zur Verfügung standen. Daraufhin sank die Zahl der Produktionen, und dies war ein Wendepunkt für die Quake-Movie-Gemeinschaft:

> „The community was forced into survival mode - either reinvent itself or succumb to the harsh realities that the allure of Quake movie production would slowly fade away."[148]

Die Gemeinschaft öffnete sich mit der Begriffsänderung von Quake Movies zu Machinima auch für Filme, die nicht in QUAKE produziert wurden. Im Januar 2000 gingen Hugh Hancock (Gründer von *Strange Company*, der ersten Machinima-Produktionsfirma) und andere dann in die Offensive und starteten die Internetseite http://www.machinima.com, um die Macher von Quake Movies und anderer Machinima zusammenzubringen und durch die Veröffentlichung von Einführungen und Artikeln eine Anlaufstelle für Filmemacher zu werden[149].

Ein Problem stellte allerdings dar, dass die Filme, da im Demo-Format nur Spielanweisungen für die Game Engine gespeichert wurden, lediglich von dem jeweils benutzten Spiel auch wieder abgespielt werden konnten und daher nur Leuten zugänglich waren, die ebenfalls eine Kopie, etwa von QUAKE, besaßen. Mit dem Start der Webseite war auf machinima.com aber auch exklusiv der Film QUAD GOD[150] zu sehen, der erste QUAKE-III-Film, der jemals veröffentlicht wurde[151], und der erste Machinima, der nicht im Demo-Format war. Die Handlung wurde stattdessen direkt vom Computerbildschirm zu einer Videokamera übertragen und aufgenommen, als digitale Video-Datei zurück auf den Computer gespielt und mit herkömmlicher Videosoftware bearbeitet[152]. QUAD GOD konnte als digitales Video angesehen werden, ohne dass eine Kopie von QUAKE III dazu benötigt wurde. Dieser Punkt markiert einen Bruch in der Gemeinschaft:

---

148 Ebd., S. 11.

149 Marino, *The Art of Machinima*, S. 12.

150 Tritin Films 2000, R.: Joe Goss.

151 Vgl. Marino, *The Art of Machinima*, S. 12.

152 Kelland/Morris/Lloyd, *Machinima*, S. 30.

„Instead of appreciating that machinima could now be enjoyed by people other than game fans, many of them felt that it was wrong to move away from the demo scene and derided the film for requiring such a comparable large download."[153]

Während hartgesottene QUAKE-Demo-Fans ihren Unmut kundtaten, wurde QUAD GOD auf CDs der Zeitschriften *PC Gamer, SPIN Magazine* und *DVD Gamer Magazine* verbreitet[154] und half, Machinima einer breiteren Öffentlichkeit zugänglich zu machen. Zwei Ereignisse illustrieren den Riss, der durch die Gemeinschaft ging: Im Juni 2000 schrieb der Filmkritiker Robert Ebert einen ambivalenten, aber keinesfalls negativen Artikel, der sich mit den filmischen Möglichkeiten von Machinima auseinandersetze[155] – Stephen Lum hingegen, der Betreiber der Quake-Movie-Internetseite „The Cineplex"[156], schloss diese im November 2000:

„With less and less news and movie releases to cover, this site has slowed down in the area where it excelled at covering. I really miss the days of when Quake was the only game people used to make movies with. There wasn't machinima, there were Quake movies and nothing else."

Machinima war aus seinem Nischen-Dasein ausgebrochen und hatte einen Teil der Computerspieler hinter sich gelassen zugunsten einer Gemeinschaft, die sich in ihrem Selbstverständnis teilweise mehr als Filmemacher denn als Game Fans sah.

Mit der Öffnung der Gemeinschaft entstanden mehr und mehr Machinima-Teams, unter anderem die Produktionsfirma *Fountainhead Entertainment* der ehemaligen *id-Software*-Mitarbeiterin Katherine Anna

---

153 Ebd., *Machinima*, S. 30.

154 Aus der Beschreibung im Youtube-Kanal von Tritin Multimedia/Joe Goss. Online unter URL: http://www.youtube.com/watch?v=3ALBBoMFDPM (letzter Zugriff: 24.4.2008).

155 Ebert, Robert (2000): The Ghost in The Machinima: Will the use of video game technology to make movies result in art or kitsch? In: *Yahoo! Internet Life*, Juni. Online unter URL: http://www.machinima.com/forums/viewtopic.php?t=201&view=next (letzter Zugriff: 20.5.2008).

156 URL: http://cineplex.planetquake.gamespy.com/ (letzter Zugriff: 28.5.2008).

Kang, die eine Nutzung der QUAKE III Game Engine aushandelte und das erste voll ausgestattete Machinima-Werkzeug, *Machinimation*, auf den Markt brachte; aber auch für andere Spiele wie UNREAL TOURNAMENT[157] oder HALF-LIFE entstanden Machinima-Programme, als die Filmproduktion sich auf mehr und mehr Spiele-Plattformen ausdehnte. Die Hersteller konkurrierender Spiele sprangen auf den Zug auf und veröffentlichten ihre Spiele mit integrierten Machinima-Werkzeugen. So veröffentlichte *Epic Games* sein UNREAL TOURNAMENT 2003[158] mit dem für die Machinima-Produktion entwickelten Programm *Matinee*[159].

Das Interesse der Computerspielindustrie an der Machinima-Gemeinschaft ging Hand in Hand mit einer stetig wachsenden Aufmerksamkeit seitens der Öffentlichkeit. Artikel über Machinima erschienen etwa in *Time Out NY*, der *Washington Post, Entertainment Weekly* und im *Film and Video Magazine*, welches darüber berichtete, dass Steven Spielberg Machinima benutzt hatte, um Szenen seines Films A. I.[160] vorzubereiten[161]. Der Machinima HARDLY WORKIN'[162] gewann 2001 sogar die Preise „bester experimenteller Kurzfilm" und „Best of SHO" beim *Showtime Networks' Alternative Media Festival*[163]. Als Dachorganisation und Stimme der Machinima-Gemeinschaft gründete eine Reihe von Machinima-Pionieren 2002 die *Academy of Machinima Arts and Sciences* - auf einer Konferenz für Computerspiel-Entwickler wohlgemerkt - und hob das erste Machinima-Festival aus der Taufe, das von Größen der Computerspielindustrie wie John Carmack (*id Software*) und Mark Rein (*Epic Games*) unterstützt und von NVIDIA, einem der weltgrößten Entwickler von Grafikprozessoren für PCs und Spiel-

157 Epic Games, GT Interactive 1999.

158 Epic Games, Atari 2002.

159 Vgl. Marino, *The Art of Machinima*, S. 16.

160 USA 2001, R.: Steven Spielberg.

161 Vgl. Marino, *The Art of Machinima* , S. 14 und 22

162 ILL Clan 2000, R.: ohne Angabe.

163 Vgl. Marino, *The Art of Machinima*, S. 22 und URL: http://www.illclan.com/ILL%20Clan-Showtime-PR.htm (letzter Zugriff: 20.3.2008).

konsolen, gesponsert wurde[164]. Seitdem werden jährlich Machinima-Awards in 16 sehr an der Filmindustrie orientierten Kategorien vergeben, darunter bestes Drehbuch, bester Schnitt, beste Musik, beste virtuelle Performance, beste Regie und bester Film[165]. Filmfestivals wie Sundance und das Florida Film Festival sowie Museen[166] boten den Machinima-Machern Möglichkeiten, sich der Film- und Kunstwelt zu präsentieren, und mit dem Machinima-Musikvideo IN THE WAITING LINE[167] der britischen Band *Zero 7*, das 2003 in die Videoschleife bei MTV aufgenommen wurde, erreichte Machinima zum ersten Mal ein Fernsehpublikum[168]. Mit der Serie DECISIVE BATTLES[169] auf dem History Channel, in der alle Schlachten mit dem Computerspiel ROME: TOTAL WAR[170] animiert wurden, ähnlich wie in der BBC Spielshow TIME COMMANDERS[171], machte Machinima einen weiteren Schritt in den Kreis der kommerziellen Kultur.

So sind über einen relativ kurzen Zeitraum die Game Fans/Machinima-Macher von den unsichtbaren Rändern der Popkultur Richtung Zentrum migriert. Hier schließt sich langsam der Kreis: von Spielaufzeichnungen einer Computerspiel-Subkultur über Experimente und Innovationen findet Machinima als Praxis den Weg zurück in den Mainstream der Medien. Damit steht Machinima exemplarisch dafür, was digitale Medien, insbesondere der Computer, mit Fankulturen gemacht haben:

---

164 Marino, *The Art of Machinima*, S. 17 und URL: http://de.wikipedia.org/wiki/Nvidia (letzter Zugriff 15.5.2008).

165 Vgl. URL: http://www.machinima.org (unter: News>Archives) (letzter Zugriff: 20.3.2008) und URL: http://festival.machinima.org/mackies.html (letzter Zugriff: 20.3.2008).

166 Zum Beispiel Walker Art Center (2002): Quake! Doom! Sims!, Yerba Buena Center for the Arts (2004): Bang the Machine, Australian Center For The Moving Image (2006): Play the Movies u. a.

167 Fountainhead Entertainment/Ghost Robot 2003, R.: Tommy Pallotta.

168 Vgl. Marino, *The Art of Machinima*, S. 18f und 23.

169 History Channel, USA 2004.

170 Creative Assembly, Electronic Arts 2004; vgl. Jenkins, *Convergence Culture*, S. 154 und Kelland/Morris/Lloyd, *Machinima*, S. 60–63.

171 BBC, UK 2003.

> „The Web represents a site of experimentation and innovation, where amateurs test the waters, developing new practices, themes, and generating materials that may well attract cult followings on their own terms. The most commercially viable of those practices are then absorbed into the mainstream media, either directly through the hiring of new talent or the development of television, video or big-screen works based on those materials or indirectly of a second-order imitation of the same aesthetic and thematic qualities."[172]

Die Entwicklung von Machinima ist aber auch ein Beispiel dafür, wie Computerspieler das Spieler-als-Produzent-Paradigma umarmen und die Spiele in unvorhergesehene Richtungen weiterführen. Ausgehend von den Möglichkeiten der Aufnahmefunktion in DOOM und QUAKE (und anderen Computerspielen) bewegte sich die Aktivität der Game Fans immer weiter aus dem unmittelbaren Kontext des Spiels heraus. Tatsächlich waren Demos und Quake Movies ja zunächst Sport- und Lehrfilme, die das wettkampforientierte Spielen untermauerten. Mit DIARY OF A CAMPER begann dann aber die Transformation von wettkampforientiertem Spielen hin zu theatralischem Spielen[173] und damit eine Bewegung in einen anderen kulturellen Rahmen. Dabei war, betrachtet man den Grad seiner Emanzipation vom Ursprungsmedium und seine Inkorporation in andere Unterhaltungsformen, Machinima erfolgreicher als die Geschichten, die mit dem Sims- Familienalbum erzählt werden. Trotzdem ist die Gemeinschaft der Machinima-Macher immer noch in der Game Culture verhaftet und gehört zu der umworbenen Klientel der Computerspielindustrie. So verfügt zum Beispiel der Nachfolger von DIE SIMS, DIE SIMS 2[174], neben der Familienalbum-Funktion auch über eine Video-Funktion, mit der sich Machinimas aufnehmen lassen. Die Möglichkeit zu transformierendem Spielen, also das Spiel zu etwas Anderem zu machen, bleibt eine wertvolle Verkaufsstrategie.

---

172 Jenkins, *Convergence Culture*, S. 148.

173 Vgl. Lowood, High-Performance Play, S. 69.

174 Maxis, EA Games 2004.

5. Widerständiges Produzieren

Transformierendes Spielen, wie es in den vorangehenden Kapiteln beschrieben wurde, ist ein Konzept aus dem Bereich des Game Designs. In Anlehnung an die bereits gemachte Unterscheidung zwischen Interaktion, als etwas letztlich vom Entwickler gesteuertes, und Partizipation, als eine erweiterte Kategorie der verschiedenen Beziehungen von Text und Konsument (oder besser: Prosument[175]), möchte ich dem „widerständiges Produzieren" als Denkfigur zur Seite stellen. In ihrer Ausprägung überlappen sich transformierendes Spielen und widerständiges Produzieren, beziehen sie sich doch beide auf die Aneignung und Veränderung des Ausgangstextes durch das Publikum. Was sich ändert, ist vielmehr die Sichtweise auf diese Tätigkeit: Während transformierendes Spielen hier vom Computerspiel ausgehend den Kosmos beschreibt, der das Spiel umgibt, verortet widerständiges Produzieren die Tätigkeit der Game Fans im Kontext gesellschaftlicher Diskurse.

Was ich hier widerständiges Produzieren nenne, ist abgeleitet aus dem Konzept des aktiven Publikums und der Möglichkeit variabler Bedeutungsproduktion in der Rezeption vor dem Hintergrund sozialer Strukturen, wie der Zugehörigkeit zu bestimmten gesellschaftlichen Gruppen. Rezeption ist in diesem Sinne das Aushandeln einer bevorzugten Lesart, wie sie im Text angelegt ist, mit der eigenen Erfahrung und Situation[176]. Burnett und Marshall erweitern diesen Ansatz der Cultural Studies in der „Cultural Production"-These für digitale Medien, indem sie die kulturelle Produktion und Aneignung der Technik Seite an Seite mit der Rezeption stellen[177]. Damit ist die Produktion ebenso eine Selbstdarstellung, eine Form des Sinnmachens aus sich und seiner Umgebung und kann in dem Sinne potenziell widerständig

---

175 Diese Wortkreuzung aus Produzent und Konsument (engl. „prosumer") findet sich zum Beispiel in: Lister, Martin [u. a.] (2003): *New Media: A Critical Introduction*. London/New York: Routledge.

176 Vgl. Stauff, Markus (2004): Das neue Fernsehen - Machteffekte einer heterogenen Kulturtechnologie (Diss.). Bochum: o.V. S. 105.

177 Burnett, Robert/Marshall, David P. (2003): *Web Theory: An Introduction*. London: Routledge. S. 72–75.

sein, als die eigene Position im Verhältnis zu verschiedenen ideologischen, gesellschaftlichen Diskursen ausgehandelt werden muss:

> „By participating in fandom, fans construct coherent identities for themselves. In the process, they enter a domain of cultural activity of their own making which is, potentially, a source of empowerment in struggles against oppressive ideologies and the unsatisfactory circumstances of everyday life."[178]

Wie eingangs bereits beschrieben wurde, werden Fankulturen an sich (nicht ohne Kritik) als Quellen von Opposition und Widerstand thematisiert, bedingt durch ihre untergeordnete Stellung im gesellschaftlichen System, der herabsetzende Bezeichnungen wie „computer geek", „Trekkie"[179] oder Ähnliches Ausdruck verleihen, aber vor allem auch, weil sie die Rolle von Produzenten annehmen und entgegen kultureller Hierarchien aus den Konsumprodukten eigene kulturelle Texte produzieren. Wie die vorangehenden Kapitel gezeigt haben, sind die Beziehungen zwischen den einzelnen Akteuren der Convergence Culture aber nicht auf die Positionen von Produzenten und Text-Wilderern zu reduzieren, die Fans sind vielmehr in ein Geflecht eingebunden, welches die Möglichkeiten für ein Konzept von Widerstand kompliziert macht. So kann man Modding generell zunächst einmal kaum als widerständiges Produzieren verstehen, denn die Werkzeuge zur Produktion werden in die Hände der Fans gelegt:

> „Because modding a video game like DOOM becomes part of the intended use of the product - as indicated by the source code made available to gamers - such activity hardly seems resistive. In fact, the case could be made that id Software's move to make the source code available was an ingenious marketing strategy that galvanized interest in their product."[180]

Mit ihrer kollaborativen Haltung hat die Computerspielindustrie zudem einen größeren Einfluss auf die Nutzung ihrer Produkte, als wenn

---

178 Lewis, Lisa (Hg.) (1992): *The Adoring audience: fan culture and popular media.* London/New York: Routledge. S. 3.

179 Vgl. Newman, *Videogames*, S. 148.

180 Jones, From Shooting Monsters to Shooting Movies, S. 267.

sie die Fankultur zurück in den Untergrund triebe, und dass die Modifikationen auch nur so lange gutgeheißen werden, wie sie im Sinne der beteiligten Firmen sind, zeigen der Rauswurf des verantwortlichen Programmierers und die Rückrufaktion der SIMCOPTER-Spiele mit dem „Osterei" durch *Maxis*. Gleiches gilt für die Produktion von Machinimas, und daher muss den Wechselbeziehungen von Machinima-Machern und Öffentlichkeit, will man sie als Form von widerständigem Produzieren betrachten, im Folgenden besondere Aufmerksamkeit geschenkt werden.

Gleichwohl bedeuten diese Vernetzungen nämlich nicht, dass widerständiges Produzieren nicht möglich ist. Dadurch, dass ihm die Produktionsmittel (der Quellcode und Werkzeuge, um ihn zu manipulieren) und Distributionswege selbst zur Verfügung stehen, ist der Game Fan oder Machinima-Macher in einer Position der Ermächtigung wie kaum ein Fan zuvor[181], und die spielerische Grenzüberschreitung zwischen Arbeit und Spiel, zwischen dem sozialen und kulturellen Kontext des Spielers und der virtuellen Welt kann Reibung erzeugen. Computerspiele, wie alle Texte, sind ideologische Konstruktionen. Allerdings offenbaren sie ihre Konstruiertheit viel mehr als andere Texte, die versuchen, diese zu verschleiern, da sie aus Regeln bestehen, die der Spieler meistern muss, um zu gewinnen. Der Prozess des Spielens ist daher auch ein Prozess der Demystifizierung[182] oder Dekonstruktion. Mit der zunehmenden Komplexität der Computerspiele und dem steigenden Fotorealismus der Simulation werden die grundlegende Kodierung, die Schemata und Algorithmen, auf denen das Computerspiel beruht, und seine Technizität überlagert. Ein Großteil der Dekonstruktion des Computerspiels findet daher nur noch durch die Spezialisten in den Fankulturen statt, während der durchschnittliche Nutzer auf der grafischen Oberfläche bleibt und nicht tie-

---

181 Vgl. ebd. S. 268.

182 Friedmann, Ted (1995): Making Sense of Software: Computer Games and Interactive Textuality. In: Jones, Steven (Hg.): *Cybersociety: Computer-mediated-communication and community*. Thousand Oaks, CA: Sage Publications. Online unter URL: http://duke.edu/~tlove/simcity.htm (letzter Zugriff: 17.12.2007).

fer in das Spiel eintaucht[183]. Die Dekonstruktion besteht daher darin, den Prozess der Naturalisierung zu durchschauen, mit dem die Spieloberfläche die Regelmechanismen verdeckt[184]. Sichtbar gemacht werden kann dies, indem der Spieler Widersprüche in den Text einbaut, etwa durch die Konstruktion neuer Inhalte (Mods) oder durch eine Rekonfiguration des Spiels, das heißt, indem der Spieler schon im Spiel angelegte Möglichkeiten verwirklicht (wie zum Beispiel die Erfindung von Jenny in der Welt von ULTIMA ONLINE)[185]. So entsteht potenziell Reibung - das heißt Widerstand im weitesten Sinne -, wenn zwei Komponenten, die kulturelle Rhetorik des Spiels und die kulturelle Rhetorik des Spielers, in Kontakt kommen[186] und den Fluss des Spiels unterbrechen, um stattdessen die Aufmerksamkeit auf Details zu lenken, die man sonst vielleicht einfach hinnehmen würde:

> „When a game enacts cultural resistance, the seamless transition between the space inside and outside the game is interrupted; players are made aware of aspects of the game which usually pass unnoticed."[187]

Wenn sie auch nicht mehr unmittelbar ein Teil des Spiels sind, so sind Machinimas dennoch in der Game Culture verwurzelt, und als Medienhybride aus Computerspiel und Film liegt es gewissermaßen in ihrer Natur, Aspekte ihrer Teilmedien thematisieren zu können, die im normalen Gebrauch schon soweit als Code naturalisiert sind, dass sie nicht mehr auffallen. So wird im Folgenden auch von Bedeutung sein, inwiefern sie als Ausdrucksmittel Reibung erzeugen und durch ihre Spezifizität gegebenenfalls eine andere Sichtweise in hegemoniale Diskurse über Computerspiele und Gewalt einbringen können. Mein Begriff von Widerstand ist bewusst weit gefasst und schließt jede Form der Störung oder Reibung mit ein, um dann im konkreten Fall in Bezug auf seinen Kontext und seine Einbindung in ein Beziehungsge-

---

183 Raessen, Computer Games As Participatory Media Culture, S. 377.

184 Ebd., S. 377.

185 Ebd., S. 380f.

186 Salen/Zimmerman, *Rules of Play*, S. 558.

187 Ebd., *Rules of Play*, S. 564.

flecht problematisiert zu werden. Wie sich Machinimas als widerständige Produktionen fassen lassen, möchte ich im zweiten Teil der Arbeit exemplarisch an THE FRENCH DEMOCRACY und der Machinima-Serie RED VS. BLUE: THE BLOOD GULCH CHRONICLES untersuchen. Sie sind zwei sehr unterschiedliche, aber auch zwei sehr spezielle Beispiele, die sich an Bekanntheit aus der Masse der Machinima-Produktionen herausheben. In ihrer Prominenz sind sie vielleicht nicht ganz typische Machinimas, dafür illustrieren sie aber umso mehr die Beziehungen zwischen Subkultur und „offizieller" Kultur, und auch eine gewisse Signalwirkung innerhalb der Gemeinschaft kann ihnen nicht abgesprochen werden.

6. Machinima als Mittel des politischen Aktivismus

Aus der Symbiose von Game Culture und Machinima gehen zum großen Teil Filme hervor, die sich im Kosmos der Computerspiele bewegen und deren Narration sich - dramatisch oder komisch - an das Spiel und sein Thema (meist Krieg und Gewalt in irgendeiner Form) anlehnt. Mit ihren Insider-Referenzen richten sie sich daher an Menschen, die mit den Spielen und ihrer Fankultur vertraut sind[188]. Auf diesen Sachverhalt ist wohl auch Robert Jones Beobachtung zurückzuführen, dass man sich stärker zu Machinimas hingezogen fühlt, die auf Spielen basieren, die man selber schätzt[189]. Das bedeutet wiederum eine gewisse Einschränkung: Die Filme bewegen sich in einem geschlossenen kulturellen Subsystem der Ego-Shooter-Spiele. Mit der Veröffentlichung von THE MOVIES[190] und DIE SIMS 2 kamen allerdings Computerspiele auf den Markt, deren Aufnahme-Funktionen sehr einfach zu handhaben sind und die als Simulations-Spiele ein anderes Publikum ansprechen als die Ego-Shooter.

Bei THE MOVIES leitet der Spieler ein Filmstudio, muss Sets und Einrichtungen bauen, Personal anheuern, seine Stars zufriedenstellen und Filme drehen. Dabei hat er die Möglichkeit, selbst kreativ zu werden und aus einer Vielzahl von vorgegebenen Sets, Szenen, Kostümen und Bewegungsabläufen einen eigenen Machinima zusammenzustellen, den er bearbeiten und dann als Video aus dem Spiel exportieren und auf der Internetseite http://movies.lionhead.com/ veröffentlichen kann. Die Sets, Kostüme und Handlungssequenzen sind vor allem auf

---

188 Vgl. Musgrove, Mike (2005): Game Turns Players Into Indie Moviemakers. In: *Washington Post*, 1. Dezember. Online unter URL: http://www.washington post.com/wp-dyn/content/article/2005/11/30/AR2005113002117.html (letzter Zugriff 7.5.2008) und Matlack, Carol (2005): Video Games go to the Movies. In: *Businessweek*, 9. Dezember. Online unter URL: http://www.busi nessweek.com/technology/content/dec2005/tc20051208_639203.htm?campaig n_id=search (letzter Zugriff: 7.5.2008).

189 Vgl. Jones, Robert (2008): Machinima Spotlight: The God of Machinima. Blog-Eintrag vom 18. Mai. Online unter URL: http://stranger109.org/2008/04/ 18/machinima-spotlight-god-of-machinima/(letzter Zugriff: 8.5.2008).

190 Lionhead Studios, Activision 2005.

Genre-Filme ausgelegt, auf Horror-, Science-Fiction-, Western- und Kriminalfilme, und ermöglichen so, ganz unterschiedliche Geschichten zu erzählen, ohne die Oberfläche des Spiels zu verlassen und etwas programmieren zu müssen, etwa um Avatare und Hintergründe anzupassen. Durch die einfache Handhabung und die Integration der Machinima-Produktion in das Spiel finden Spieler und Spielerinnen Zugang zu der Gemeinschaft und können ihre Geschichten erzählen, die von DOOM, QUAKE etc. nicht erreicht wurden. Dabei gilt insbesondere das virtuelle Puppenhaus DIE SIMS 2 als ein Spiel, das von weiblichen Spielerinnen dominiert wird und größtenteils Musikvideos oder romantische, an Seifenopern angelehnte Machinimas hervorbringt. Entlang allgemeiner Stereotype werden diese als weibliche Perspektive in einer von Soldaten, Mutanten und Schlägertypen dominierten Welt gedeutet[191]. Ohne hier ausführlich auf Genderfragen eingehen zu kön-

---

191 Das Verhältnis von Gender und Machinima ist noch relativ wenig erforscht und eine Analyse würde den Rahmen dieser Arbeit sprengen. Machinima als emanzipatorisches Medium zu verstehen, muss unter Gender-Gesichtspunkten allerdings mit Vorsicht behandelt werden, denn es tendiert dazu, die Ausgrenzung von Frauen seitens der Technik zu replizieren (vgl. Jones, Robert/ Stein, Louisa (2007a): Gender and Fan Studies (Round Two, Part One): Louisa Stein and Robert Jones. Blog-Eintrag von Henry Jenkins vom 6. Juni. Online unter URL: http://www.henryjenkins.org/2007/06/gender_and_fan_studies_round_t.html (letzter Zugriff: 27.5.2008)). In seinem noch nicht veröffentlichen Artikel „Pink vs. Blue: The Emergence of Women in Machinima" parallelisiert Robert Jones die Abwesenheit von Machinima-Macherinnen einmal mit dem Diskurs, der Technik als etwas darstellt, das von Männern beherrscht wird (wie er an der Entwicklung des Radios und des PCs zeigt), und der so in seiner kulturellen Internalisierung Frauen den Zugang erschwert. Dementsprechend sieht er auch die technischen Fertigkeiten, um Machinimas zu machen und die Game Engine umzufunktionieren, zunächst als Zugangsbarriere für Frauen. Zum anderen folgt er Henry Jenkins in der Analyse von Computerspielen, insbesondere Ego-Shootern, als „toys for boys", die sich mit ihrer Narration und Ästhetik an Krieg und Abenteuer orientieren und damit traditionell ein Spielbereich für Jungen sind (vgl. Jones, Robert (2007b): Abstract: Pink vs. Blue: The Emergence of Women in Machinima. Blog-Eintrag von Louisa Stein vom 6. Juni. Online unter URL: http://lstein.wordpress.com/2007/06/06/robert-jones-writes-on-pink-vs-blue-the-emergence-of-women-in-machinima/(letzter Zugriff: 27.5.2008) und Jenkins, Henry: (2000): 'Complete Freedom of Movement': Video Games as Gendered Play Spaces. In: Cassel, Justine/Jenkins, Henry (Hg.): *From Barbie to Mortal Combat: gender and computer games.* Cambridge: MIT Press. S. 262–297). Erst mit DIE SIMS 2, so der allgemeine Tenor im akademischen Diskurs und in der Fan-Gemeinschaft, kam dann ein Spiel auf den

nen[192], verdeutlicht diese Verbreiterung von Thematik und Genre nicht nur allein die Möglichkeiten, die anders angelegte Spiele wie THE MOVIES oder DIE SIMS mit ihren Grafiken, Avataren etc. bieten. Die Empfindung, dass etwas Neues passiert, zeigt auch, dass Machinimas vornehmlich die Perspektive junger, weißer Männer wiedergeben, die erst nach und nach durch andere Standpunkte und neue Sichtweisen ergänzt wird:

> „When you look across the vast majority of machinima out there, the creators tend to represent that early gaming demographic that excludes both women and people of color. [...] So while the landscape of machinima still largely encompasses the demographic of the early adopters we continue to see new voices emerge, representing not just different subjectivities but entirely new ways of

---

Markt, das sich auch und vor allem an Spielerinnen wandte und dessen Video-Aufnahmefunktion sehr benutzerfreundlich war. In der Folge wurde die Machinima-Bewegung, „overpopulated by Space Marines, Mutants und Hitmen" (The Barista (2006): The Mothers of Machinima, MoMs. Blog-Eintrag vom 6. Juni. Online unter URL: http://burntcoffeeprod.com/wordpress/?p=4 (letzter Zugriff: 5.1.2008)), durch emotionalere und subtilere Werke bereichert. Tatsächlich sind Produktionen mit DIE SIMS 2 fast ausschließlich Musikvideos (vgl. http://www.machinima.com/channel/view&id=3), was an weibliche Fanproduktionen außerhalb von Machinima erinnert, wie zum Beispiel Vids (vgl. dazu auch Louisa Steins Blog: http://lstein.wordpress.com/). Warum Frauen allerdings eher dazu tendieren, Musikvideos zu machen, bleibt unklar. Auf der anderen Seite wehren sich engagierte Machinima-Macherinnen gegen ihre Stereotypisierung und machen einen Punkt daraus, dass ihr Geschlecht nicht von Bedeutung ist. Allerdings teilen nicht alle Frauen diese Position (vgl. Verschiedene Autoren (2007): What can we as women promote other women filmmakers? Forum-Eintrag vom 24. September. Online unter URL: http://www.moviestorm.co.uk/forum/posts/list/1136.page (letzter Zugriff: 27.5.2008)). Auch auf der Basis der Filme kommen Fragen auf, die nach mehr Forschung auf diesem Gebiet verlangen, denn es scheint, dass gerade die anerkannten und gelobten Werke von Frauen sich eben nicht in den stereotypischen Kategorien bewegen und sich nur bedingt von den Werken ihrer männlichen Kollegen unterscheiden (vgl. z.B. VOICES (Pineapple Pictures 2008) von Kate Fosk und Jones' Spotlight über sie: Jones, Robert (2008b): Machinima-Spotlight: Voices. Blog-Eintrag vom 6. Mai. Online unter URL: http://stranger109.org/2008/05/06/machinima-spotlight-voices/(letzter Zugriff: 27.5.2008)).

192 Siehe Fußnote 191.

envisioning what we can do with this ever-growing means of expression."[193]

Aus dieser Sicht kann man Machinima als Ideologie einer Art ultimativer Demokratisierung des Filmemachens, wie einige seiner herausragenden Vertreter es verstehen, nur mit Einschränkungen gelten lassen[194]. Der Glaube, dass jeder überall und jederzeit einen Film machen kann, schießt über das Ziel hinaus und lässt Jenkins Überlegung zum „participation gap" außer Acht, das heißt zur Einschränkung, dass nicht alle Partizipierenden der Convergence Culture gleich sind und viele Bevölkerungsschichten sowohl durch ihre rein technischen Zugangsmöglichkeiten als auch durch kulturelle Faktoren davon abgehalten werden, sich zu beteiligen[195].

Vor diesem Hintergrund wird noch deutlicher, warum der Machinima THE FRENCH DEMOCRACY[196] weltweit für Aufsehen sorgte, sowohl in den traditionellen Medien als auch innerhalb der Machinima-Gemeinschaft selbst. Wenige Wochen nach den Unruhen, die sich ausgehend von den Pariser Vororten über ganz Frankreich ausgebreitet hatten, stellte ein Franzose mit chinesischen Eltern, Alex Chan, einen Machinima mit politischer Botschaft ins Internet. THE FRENCH DEMOCRACY ist ein etwa 13-minütiger Kurzfilm, der die Geschichte der Krawalle aus der Sicht der farbigen Jugendlichen erzählt. Beginnend mit dem Tod von Ziad Benna und Bouna Traoré, zwei Minderjährigen, die auf der Flucht vor der Polizei in einer Transformatorstation von Stromschlägen getötet wurden, folgt der Film den Schicksalen dreier dunkelhäutiger, junger Männer. Einer verbringt eine Nacht im Gefängnis, weil er bei einer Polizeikontrolle seinen Ausweis nicht vorzeigen kann. Ein anderer bekommt trotz eines Universitätsabschlusses keine Arbeit, weil er nicht „französisch genug" aussieht, und sieht sich auch bei der Wohnungssuche mit Rassismus konfrontiert.

---

193 Jones, Machinima-Spotlight: Voices. Online unter URL: http://stranger109.org/2008/05/06/machinima-spotlight-voices/(letzter Zugriff: 8.5.2008).

194 Vgl. Hancock/Ingram, *Machinima for Dummies*, S. 1.

195 Vgl. Jenkins, *Convergence Culture*, S. 3 und 258.

196 Online unter URL: http://movies.lionhead.com/movie/11520 (letzter Zugriff: 16.5.2008).

Der Dritte ist ein Drogendealer, der Opfer von Polizeigewalt wird. Ihrem Ärger über ein Land, dessen konstituierende Werte von Freiheit, Gleichheit und Brüderlichkeit nicht für alle gelten, machen sie schließlich mithilfe von Molotowcocktails Luft. Daher wählte Chan auch den Titel „The French Democracy" mit ironischer Absicht:

> „Many French people still don't know or don't want to really understand what happened in their neighborhood. That's why I chose this ironic title of 'The French Democracy' in order to refer to the fact that the youth prefer to use Molotov cocktails than [sic] ballot papers to get heard by the government. In this way in my movie, I try to bring people to think or to understand - not to necessarily forgive - what can push a young person or teenager to act like this."[197]

Chans Film hat biografische Züge: Er wohnt selbst in einem Migranten-Vorort von Paris, und er hat seine eigenen Erfahrungen mit Rassismus im Alltag gemacht. Chan ist aber kein Sympathisant der Gewalt und wurde selbst einmal bei einem Überfall von einer Jugendbande schwer verletzt[198]. Sein Antrieb, einen Film über die Unruhen zu machen, war laut eigener Aussage, der einseitigen Berichterstattung, welche die Leute seines Viertels als brutale Randalierer oder in Verbindung mit dem islamischen Fundamentalismus beschrieb, eine andere Perspektive gegenüberzustellen[199]. Aufgrund der Schnelligkeit, mit der Chan auf die Ereignisse reagieren und seine persönliche Sicht der Dinge veröffentlichen konnte, vergleicht Marino diese neue Form

---

197 Zit. nach: Totilo, Steven (2005): First Film About French Riots Comes Courtesy Of A Video Game. In: *MTV News*, 5. Dezember. Online unter URL: http://www.mtv.com/news/articles/1517481/20051205/index.jhtml (letzter Zugriff: 7.5.2008).

198 Matlack, Video Games go to the Movies, http://www.businessweek.com/technology/content/dec2005/tc20051208_639203.htm?campaign_id=search (letzter Zugriff: 7.5.2008).

199 Ebd., vgl. für Berichterstattung u. a.: UNRUHEN IN FRANKREICH: KRAWALLE IN PARIS. F 2005, Georg Kellerman, ARD Paris. Ein Beitrag zu den Tagesthemen vom 6. November. Online unter URL: http://www.tagesschau.de/multimedia/video/video97088.html (letzter Zugriff: 9.5.2008).

des „Polit-Machinima"[200] mit dem Bloggen und der Art und Weise, wie es der Masse eine Stimme gibt; er beschreibt es als „a self-published and widely distributed visual narrative of these events as seen through the creator's eyes."[201] Machinima, so Marinos Urteil in seinem eigenen spontanen Blog-Eintrag zu THE FRENCH DEMOCRACY, gibt denen die Macht zu politischem Aktivismus, die über Ländergrenzen und kulturelle Barrieren hinweg gehört werden müssen [202]. Der Film ist also widerständig in dem Sinne, dass er aus der oppositionellen Lesart anderer Medientexte, der Nachrichten, hervorgegangen ist, eine Darstellung verbreitet und einen Sinn in den Vorkommnissen ausmacht (Rassismus und Benachteiligung als Wurzeln der Ausschreitungen), der diesen verbreiteten, wenn nicht hegemonialen Medientexten entgegensteht. Damit hatte Chan die Möglichkeit, seiner eigenen Position, die er selbst aufgrund seiner Erfahrungen mit Rassismus als gesellschaftlich untergeordnet sieht, im Verhältnis zu den dominanten öffentlichen Diskursen Ausdruck zu verleihen.

Diese überschwängliche Umarmung von Machinima als Mittel des politischen Widerstands muss relativiert werden. Wie bereits angesprochen, ist die Machinima-Gemeinschaft verhältnismäßig homogen, und neben der einfachen Möglichkeit, mit THE MOVIES einen Film aus einer im gesellschaftlichen Diskurs vernachlässigten Perspektive zu machen, gehört immer auch eine gewisse erlernte oder auch vom sozialen/kulturellen Status sanktionierte Überzeugung dazu, ein „Behagen", seine eigene Meinung auf diese Weise kundzutun. Und dies bedarf einer Medienkompetenz oder Medienbildung. Allerdings gibt es neben Programmen, die Jugendlichen zeigen, wie sie sich mit filmi-

---

200 Pany, Thomas (2005): Neue Masche aus Frankreich. In: *Telepolis* 1. Dezember. Online unter URL: http://www.heise.de/tp/r4/html/result.xhtml?url=/tp/r4/artikel/21/21471/1.html&words=Machinima&T=Machinima (letzter Zugriff: 7.5.2008).

201 Zit. nach: Totilo, First Film About French Riots Comes Courtesy Of A Video Game, http://www.mtv.com/news/articles/1517481/20051205/index.jhtml (letzter Zugriff: 7.5.2008).

202 Marino, Paul (2005): Machinima: the eyes of French democracy? Blog-Eintrag vom 25. November. Online unter URL: http://blog.machinima.org/2005_11_01_thinkingmachinima_archive.html (letzter Zugriff: 8.5.2008).

schen Mitteln ausdrücken können, auch immer mehr Initiativen für digitales Lernen, die Kindern und Jugendlichen beibringen, ihre Ideen und Erfahrungen mit Hilfe von Computerspiel-Technologien umzusetzen, wie zum Beispiel das *Global-Kids*-Programm (http://www.globalkids.org), in dem Kinder/Jugendliche gelernt haben, in der virtuellen 3D-Welt von SECOND LIFE[203] Objekte zu kreieren und ihren eigenen Machinima zu produzieren: A CHILD'S WAR (Global Kids 2007)[204], eine Dokumentation über Kindersoldaten in Uganda[205]. Erst eine umfassendere Verbreitung der Fähigkeit, digitale Medien zu lesen und mit ihnen zu schreiben, kann das sicherlich vorhandene Potenzial von Machinima, vernachlässigte Blickpunkte in Bilder zu fassen, tatsächlich realisieren.

Das widerständige Potenzial von Machinimas allgemein bzw. von THE FRENCH DEMOCRACY insbesondere ist aber nicht nur eine Frage der Medienbildung. In seiner Theoretisierung der Convergence Culture zeichnet Jenkins das positive Bild einer Medienlandschaft in der jede Botschaft ihren Adressaten erreicht: „[E]very important story gets told, every brand gets sold, and every consumer gets courted across multiple media platforms."[206] Aus einer kritischeren Perspektive betrachtet führt dies jedoch eventuell zu einer Informationskakofonie, in der letztlich nur gilt: Wer am lautesten schreit, wird gehört! THE FRENCH DEMOCRACY hat auch deshalb so viel Aufmerksamkeit bekommen, weil der Film mit seiner politischen Botschaft zeitlich unmittelbar nach den Krawallen einen Nachrichtenwert hatte und von den Mainstream-Medien wie *Washington Post* und *Businessweek* aufgegriffen wurde:

---

203 Linden Lab 2003, http://www.secondlife.com (letzter Zugriff: 31.5.2008).

204 Online unter URL: http://www.youtube.com/watch?v=nK54WRu0jW4 (letzter Zugriff: 9.5.2008).

205 Vgl. Jones, Robert (2007a): Saving Worlds with Videogame Activism. Freundlicherweise bereitgestellt vom Autor. Wird erscheinen in: Ferdig Richard (Hg.): *Handbook of Research on Effective Electronic Gaming in Education.* Idea Group Publishing (Juli 2008).

206 Jenkins, *Convergence Culture*, S. 3.

„Once it became something newsworthy, the number of people downloading it exploded and it became one of the most watched machinima films outside the uber-popular *Red vs. Blue* series (http://rvb.roosterteeth.com/home.php). This perfectly illustrates the political capacity of convergence media in general and videogame technologies in particular."[207]

Was Jones (in Übereinstimmung mit Jenkins) hier aber unterschlägt, ist, dass die neuen Distributionskanäle digitaler Medien für Subkulturen, Aktivisten etc. in ihrem Wert relativiert werden, wenn das, was die Akteure zu sagen haben, neben all den anderen Stimmen tatsächlich nur dann von einer breiteren Öffentlichkeit gehört wird, wenn es auch durch offizielle Medien Verbreitung findet. Unbestreitbar ist die Möglichkeit, ein Video ins Internet zu stellen, wo andere es ansehen können, eine wichtige Entwicklung für die Partizipationskultur, und selbst eine Handvoll Zuschauer ist eine Öffentlichkeit, vor allem angesichts der Kommunikationsstrukturen innerhalb der Subkulturen, die wie eine Mund-zu-Mund-Propaganda funktionieren und in der Informationen sich viral ausbreiten können. Marinos Blog-Eintrag zu THE FRENCH DEMOCRACY zeigt, wie er selbst von einem Mitarbeiter der französischen Machinima-Webseite auf den Film aufmerksam gemacht wurde, um dann seinerseits weitere Blogs zu verlinken, die sich mit dem Kurzfilm beschäftigen und deren Verfasser er selbst auf den Film aufmerksam gemacht hat[208]. Die Schwelle der eigenen Subkultur, in diesem Fall die Machinima-Gemeinschaft, jedoch zu überschreiten und in einen öffentlichen und schließlich in einen akademischen Diskurs überzutreten, ist ein Sonderfall. Da der Konsument in der Convergence Culture aktiv und zielstrebig seine Informationen sucht, besteht die Gefahr, dass eben nicht jede Geschichte erzählt wird, sondern nur die, für die sich viele Konsumenten interessieren. Das heißt, damit Machinimas ihr widerständiges Potenzial entfalten können, muss für den Kommunikationsprozess auch ein Publikum vorhanden sein, das bereit ist, die Botschaft zu empfangen.

---

207 Jones, Saving Worlds with Videogame Activism, ohne Seitenangabe.

Ein weiterer Punkt, der zu beachten ist, will man über Machinima als Form von widerständigem Produzieren nachdenken, ist, dass THE FRENCH DEMOCRACY nicht Alex Chan gehört, sondern, mit der Endnutzervereinbarung, der er bei der Installation von THE MOVIES zugestimmt hat, der Entwicklerfirma *Activision*. Damit obliegt es auch *Activision*, gegebenenfalls rechtliche Schritte einzuleiten und die Verbreitung eines Machinimas zu unterbinden, wenn es für angemessen gehalten wird:

> „[...] if Chan had produced a film that somehow did not align with the political viewpoints of the company, a cease and desist letter would have been inevitable. Those who own the game engine being appropriated will always maintain a certain amount of control over it. So while the widely successful *The French Democracy* offers a ray of hope for the future of videogame activism, the fact that more and more companies like Microsoft and Blizzard are issuing rules for how their technologies can be used to make machinima threatens what can be said."[209]

Noch gibt es keinen Präzedenzfall, in dem ein Machinima-Macher rechtlich belangt wurde, und auf der anderen Seite gibt es auch Machinima-Software, wie *iClone*[210] oder *MovieStorm*[211], die nicht unter diese Regelungen fallen und das Recht am Endprodukt bei seinem Produzenten belassen. Allerdings ist die Masse der Machinimas, vor allem die nicht künstlerisch oder professionell ambitionierten Werke, das Produkt aus einer lizenzierten Game Engine und unterliegt damit dem Wohl und Wehe der Computerspielindustrie, die es bisher toleriert und als Werbung nutzt. So fällt auch in der Presse für THE FRENCH DEMOCRACY auf, dass die Artikel den meisten Raum darauf verwenden zu erklären, was Machinima ist und was es mit THE MOVIES auf sich hat. So gesehen war THE FRENCH DEMOCRACY mehr als alles ande-

208 Marino, Machinima: the eyes of French democracy?, http://blog.machinima.org/2005_11_01_thinkingmachinima_archive.html (letzter Zugriff: 8.5.2008).

209 Jones, Saving Worlds with Videogame Activism, ohne Seitenangabe.

210 URL: http://www.reallusion.com/iclone/ (letzter Zugriff: 30.5.2008).

211 URL: http://www.moviestorm.co.uk (letzter Zugriff: 30.5.2008).

re eine Werbekampagne für THE MOVIES und für Machinima – und vor allem deshalb sicher vor regulativen Eingriffen.

Trotz der genannten Einschränkungen (die auch damit zu tun haben, dass Machinima noch in seinen Kinderschuhen steckt und Computerspiele als Ausdrucksmittel noch um Anerkennung ringen) ist es dennoch sinnvoll, über Machinima als eine Form des Widerstands nachzudenken, und zwar über die offensichtliche, politische Botschaft von THE FRENCH DEMOCRACY hinaus. Computerspiele werden oft als Gefahr eingestuft, weil sie angeblich Gewalt glorifizieren, asoziales Verhalten fördern und Suchtpotenzial bergen. Reflektiertes Handeln seitens der konsumierenden Spieler wird dabei ausgeblendet. Und während die Computerspiele noch allein um ihre Anerkennung als legitime Form der Unterhaltung kämpfen, ist von ihrer Nutzung darüber hinaus kaum die Rede. Dass der Gebrauch von Computerspieltechnologie aber nicht nur Spielerei sein muss, sondern auch von einer politischen Agenda informiert sein kann, zeigt THE FRENCH DEMOCRACY. Dabei steht der Polit-Machinima in einer Linie mit Formen des „Computerspiel-Aktivismus", die versuchen, die stetig wachsende und demografisch zunehmend diversifizierte Gruppe der Computerspieler mit einer ernsthaften Botschaft zu erreichen und das pädagogische Potenzial der Spiele zu erkunden[212]. Darunter fallen Spiele wie FOOD FORCE[213] oder AGAINST ALL ODDS[214] der Vereinten Nationen, die politisch bilden sollen, indem sie den Spieler in die Lage von Mitarbeitern der Welthungerhilfe bzw. in die Situation von Flüchtlingen versetzten, aber auch Programme wie das bereits beschriebene Global Kids, die den Umgang mit der Technologie vermitteln, gehen in diese Richtung. THE FRENCH DEMOCRACY kann also insofern als widerständig gelesen werden, als der Film erstens die Bedeutung und Rolle der Computerspiele in unserer Gesellschaft kontestiert und die Computerspieltechnologie zum Ausdruck einer politischen Meinung nutzt.

---

212 Vgl. Jones, Saving Worlds with Videogame Activism, ohne Seitenangabe.

213 Depent/Player Three, WFP 2005, URL: http://www.food-force.com (letzter Zugriff: 25.5.2008).

214 Paregos AB/Tic Tac Interactive, Statoil/UNHCR 2006, URL: http://www.playagainstallodds.com/(letzter Zugriff: 25.5.2008).

Zweitens bricht Chan mit seinem Machinima aus der Rolle aus, die ihm einerseits als Computerspieler und andererseits als Teil einer ganzen Generation zugeschrieben wird. Er widersteht nämlich dem Klischee des unmündigen Computerspielers ebenso wie demjenigen des apolitischen „Medien-Zombies" der Konsum- und Spaßgesellschaft:

> „Während es in den Kulturabteilungen in aller Welt nur so staubt vor Sorgen über die Chancen der heutigen Jugend - wie schwer sie es hat, ihre ureigene Kreativität gegen Konsumterror, Anpassungsdruck und allerhand medialer Zerstreuungsmöglichkeiten etc. zu behaupten - erhebt sich an anderen Stellen ein ganz anderer Esprit. Und der beweist, wie schnell man mit Mitteln aus der Welt der Computerspiele, welche die meist jugendlichen, ergo ‚schutzbedürftigen' User einer weit verbreiteten Meinung nach doch zu ‚Medien-Opfern' macht, in einer Weise auf politische Ereignisse reagieren kann, wie es früher nur einer Minderheit möglich war."[215]

Insofern ist Machinima als Ausdrucksform einer mit Computerspielen sozialisierten Generation durchaus widerständig gegenüber hegemonialen gesellschaftlichen Diskursen, die von der Ideologie einer älteren Generation und ihren Machtmechanismen inspiriert sind.

6.1 Machinima als Medienhybride

Machinima als Ausdrucksform ist selbst widerständig in dem Sinne, dass es den Erfahrungen seiner Generation Rechnung trägt und Film und Computerspiel verbindet. Auch das macht die Anziehung von THE FRENCH DEMOCRACY aus, wie der Journalist der *New York Times* Clive Thompson in seinem Blog schreibt:

> „[...] I saw a lot of stuff that made me laff [sic], but very little that made me *think*. This one accomplishes that, not merely because of its unexpectedly heartwarming political message, but because its

215 Pany, Neue Masche aus Frankreich, http://www.heise.de/tp/r4/html/result.xhtml?url=/tp/r4/artikel/21/21471/1.html&words=Machinima&T=Machinima (letzter Zugriff: 7.5.2008).

cinematography has such a weirdly mongrel flavor: It borrows as often from the visual conventions of games as from film."[216]

Machinima ist eine Hybridform aus Computerspiel und Film, wobei die beiden schon außerhalb des Machinima-Kontextes eine Tradition der gegenseitigen Beeinflussung haben - man bedenke nur den Einsatz von computergenerierten Spezialeffekten in Actionfilmen, die Computerspiellogik und -ästhetik von Filmen wie THE FIFTH ELEMENT[217] oder das Zitieren filmischer Perspektiven und schwarzer Balken am oberen und unteren Bildrand in den Zwischensequenzen („Cut-Scenes") vieler Spiele. So gesehen ist Machinima die konsequente Verschmelzung beider Medien, eine Hybridisierung im Sinne Bachtins als „Vermischung zweier sozialer Sprachen in einer einzigen Äußerung"[218]. Wirth greift zur Erklärung der Vorgänge auf das Bild des „Aufpropfens" zurück, der botanischen Transplantationstechnik, bei der zur Veredelung oder Kreuzung zwei Pflanzen verletzt und dann so zusammengefügt werden, dass sie im Heilungsprozess zusammenwachsen und etwas Neues bilden. Wie bei den Pflanzen bleibt auch in dergestalt gekreuzten Medien eine Nahtstelle zurück, sodass Altes und Neues zwar vermischt werden, aber nicht bruchlos ineinander übergehen[219]. Stattdessen machen die Prozesse der Transmedialisierung, das heißt des Wechsels von einem Medium in ein anderes, und der intermedialen Bezugnahmen die Eigenschaften der beteiligten Medien, ins-

---

216 Thompson, Clive (2005): A machinima commentary on the riots in France. Blog-Eintrag vom 23. November. Online unter URL: http://www.collisiondetection.net/mt/archives/2005/11/_heres_an_extre.html (letzter Zugriff: 8.5.2008).

217 Das fünfte Element, F 1997, R.: Luc Besson; vgl. u. a. Elsaesser, Thomas/Buckland, Warren (2002): *Studying Contemporary American Film. A Guide to Movie Analysis.* Kapitel 5: S/Z, the 'readerly' film, and video game logic (The Fifth Element). New York: Oxford University Press. S. 146–167.

218 Zit. nach: Wirth, Uwe (2006): Hypertextuelle Aufpropfung als Übergangsform zwischen Intermedialität und Transmedialität. In: Mayer, Urs/Simanowski, Robert/Zeller, Christoph (Hg.): *Transmedialität. Zur Ästhetik paraliterarischer Verfahren.* Göttingen: Wallstein Verlag. S. 26.

219 Wirth, Hypertextuelle Aufpfropfung als Übergangsform zwischen Intermedialität und Transmedialität, S. 24ff.

besondere des Ursprungsmediums, gerade sichtbar[220]. Betrachtet man Machinima als Übertragung des Ausgangsmediums Computerspiel in das Zielmedium Film, wird deutlich, wie dieses Hybridkonstrukt in seiner Beschaffenheit die Mechanismen und grundlegenden Eigenschaften des Ausgangsmediums im Rückverweis kommentiert. Wolf und Perron definieren als fundamentale Merkmale des Computerspiels die Grafik, Spieler-Aktivität, das Interface und Algorithmen[221]. Die Grafik, in ihrer Definition die sich bewegenden Bilder auf dem Bildschirm, haben Computerspiel und Film gemein, allerdings mit dem Unterschied, dass Bilder, die vom Spiel generiert werden, für gewöhnlich eine oder mehrere Komponenten haben, die der Spieler kontrollieren kann. Bei Machinima wird der Spieler wieder zum Zuschauer ohne die Möglichkeit, mit der virtuellen Welt zu interagieren oder Kontrolle über den Fortgang der Handlung oder Komponenten auf dem Bildschirm auszuüben. Das Interface in Form von Joystick, Tastatur oder Knöpfen und Reglern auf dem Bildschirm wird wegrationalisiert - wobei dieser Kontrollverlust paradox ist, denn die Aktivität des Spielers und seine Kontrolle über die virtuelle Welt ist vom Rezeptions- in den Produktionsprozess verschoben. Vermutlich erregt der Gegensatz von beibehaltener Computerspielgrafik und fehlenden Interaktionsmöglichkeiten nicht so viel Aufmerksamkeit, weil die Spieler schon durch Cut-Scenes innerhalb der Spiele an diesen Kontrollverlust gewöhnt sind und das Spielen als soziale Aktivität auch oft das passive Zuschauen bei der Aktivität eines anderen Spielers einschließt. Während aber das Interface und die Tätigkeit des Spielers im fertigen Machinima fast stillschweigend zugunsten einer filmischen Rezeptionsweise verdrängt werden, wird die algorithmische Basis des Spiels, das sind die grafischen Darstellungen, Regeln und Reaktionen der Game Engine[222], übernommen, auch wenn gegebenenfalls Modifikatio-

---

220 Vgl. Wenz, Karin (2006): Transmedialisierung. Vom Computerspiel zu digitaler Kunst. In: Mayer, Urs/Simanowski, Robert/Zeller, Christoph (Hg.): *Transmedialität. Zur Ästhetik paraliterarischer Verfahren.* Wallstein Verlag: Göttingen. S. 98f.

221 Wolf, Mark/Perron, Bernard (2003): *The Video Game Theory Reader*. London: Routledge. S. 14f.

222 Vgl. auch ebd., S. 15ff.

nen vorgenommen werden. Das kreiert einige auffällige Verwerfungen, denn es bedeutet, dass der Machinima als Film innerhalb der Regeln und Formen des Computerspiels funktionieren muss. Im konkreten Beispiel von THE FRENCH DEMOCRACY sind das unter anderem die zur Verfügung stehenden Sets, die ganz offensichtlich amerikanische Innenstädte, U-Bahn-Stationen und Straßen repräsentieren. So agieren Chans französische Migranten vor dem Hintergrund der New Yorker Skyline samt Empire State Building (vgl. zum Beispiel 09:03–09:10 Min.) und rebellieren auf Straßen, deren Häuser mit amerikanischen Flaggen geschmückt sind (vgl. 09:24–09:30 Min.). Das heißt, obwohl der Software-Entwickler *Lionhead* in England ansässig ist, repliziert THE MOVIES die Vorherrschaft amerikanischer Filmproduktion und suggeriert, dass nur amerikanische Filme gemacht werden können.

Abb. 5 Amerikanische Häuserfassade

Abb. 6 Manhattan im Hintergrund

THE FRENCH DEMOCRACY demystifiziert diese ideologische Konstruktion, die dem Computerspiel zugrunde liegt, indem es Reibung erzeugt zwischen der kulturellen Rhetorik des Spiels, die die Dominanz amerikanischer Filmproduktion naturalisiert, und der kulturellen Rhetorik Chans und seines Films, der seine eigene Geschichte erzählt. Denn die amerikanischen Sets sind ein Moment der Störung im Fluss der Geschichte und lenken die Aufmerksamkeit des Zuschauers auf die Widersprüche, die Differenz zwischen dem, was ist, und dem, was sein sollte. Damit problematisiert der Film den Formalismus des Computerspiels, welcher zwar im Fall von THE MOVIES eine Vielzahl von Wahlmöglichkeiten zulässt, aber eben doch begrenzt ist.

Ein weiteres Beispiel für die hintergründige Thematisierung des Ausgangsmediums sind die beiden Szenen in THE FRENCH DEMOC-

RACY, in denen jeweils einer der Protagonisten an derselben Stelle, mit derselben Haltung, in derselben U-Bahn Station steht (vgl. 03:35-03:45 Min. und 07:01-07:07 Min.). Im Hintergrund sind beide Male zwei Personen in exakter Pose zu sehen, eine lehnt an der Wand und eine steht rauchend auf dem Bahnsteig. Zwar sind die Figuren individualisiert und durch ihre Erscheinungsbilder (Kleidung, Hautfarbe, Geschlecht, Frisur) voneinander unterscheidbar, aber es sind offensichtlich dieselben Basis-Modelle mit einem kleinen Repertoire fester Ausdrücke und Bewegungen, die einfach immer wieder repliziert und abgespielt werden können[223].

Abb. 7 U-Bahn Station 1

Abb. 8 U-Bahn Station 2

In Computerspielen kann die Rigidität und Einfachheit eines solchen Figuren-Basis-Programms für Frust oder ungewollte Komik sorgen, denn dadurch, dass der Spieler immer wieder „derselben" Figur begegnet, offenbart das Spiel seine zugrunde liegenden Algorithmen und zerstört die Illusion seiner grafischen Oberfläche. In THE MOVIES ist dieser modulare Formalismus offener Bestandteil des Spiels, denn das Machinima-Werkzeug funktioniert so, dass der Spieler eine begrenzte Anzahl von Sets und eine ebenso begrenzte Anzahl möglicher Szenen für diese Sets zur Auswahl hat, sodass THE-MOVIES-Machinimas immer etwas schematisch wirken. THE FRENCH DEMOCRACY wiederum muss innerhalb der Regeln des Spiels arbeiten und verweist, intendiert oder nicht, auf dieses Computerspielen inhärente Problem, auf die Konstruiertheit des digitalen Textes. Auch hier wird das Computer-

223 Vgl. Thompson, A machinima commentary on the riots in France, http://www.collisiondetection.net/mt/archives/2005/11/_heres_an_extre.html (letzter Zugriff: 8.5.2008).

spiel dekonstruiert: Das Programm verschwindet nicht hinter der grafischen Oberfläche, sondern wird sichtbar gemacht, und damit wird der Bann der Scheinwelt, was Turkle „seduction of simulation"[224] nennt, gebrochen. Dieser Rückbezug auf das Computerspiel steht den Meinungen entgegen, die Spieler als Opfer oder Gefangene der virtuellen Welt sehen, und löst ein, was Turkle (in einer Analogie zu den drei möglichen Lesarten der Cultural Studies) als mögliche widerständige Antwort, als kritischen Umgang mit der Simulation bezeichnet: „Understanding the assumptions that underlie simulation is a key element of political power"[225]. Thompson interpretiert diesen Computerspiel-Formalismus in THE FRENCH DEMOCRACY sogar als soziale Kritik, die nicht nur auf das Ausgangsmedium zurückverweist, sondern auch Bedeutung innerhalb des Machinima hat und die Gefühle der Protagonisten widerspiegelt:

> „So there's something lovely about the machinima creator explicitly referencing that in-game problem. It's a clever metaphor that externalizes how the characters in this movie are feeling: Trapped in a world where everyone around them is duplicitous, inhuman, and acting suspiciously alike."[226]

Diese Metapher an sich ist nicht neu und eng mit dem Motiv des künstlichen Menschen und einer gewissen Technikangst verknüpft. Aus der Perspektive der Computerspiele und der Möglichkeiten, die sie zur Partizipation und Umformung bieten, hat dieses Aufeinanderlegen von Spiel und Realität aber auch eine positive, emanzipatorische Bedeutung. Indem Computerspieler sich mit der Konstruiertheit des Spiels und der virtuellen Welt auseinandersetzen, sind sie eher dazu befähigt, die Konstruiertheit unserer (kulturellen) Wirklichkeit zu durchschauen:

---

224 Turkle, Sherry (1996): *Life on the screen: Identity in the age of the internet.* London: Weidenfeld & Nicholson. S. 71.

225 Zit. nach: Raessen, Participatory Media Culture, S. 377.

226 Vgl. Thompson, A machinima commentary on the riots in France, http://www.collisiondetection.net/mt/archives/2005/11/_heres_an_extre.html (letzter Zugriff: 8.5.2008).

„[G]amers are the ones (as long as they are not only 'gaming', but also become game programmers and thereby move to the meta-game) who realize that our reality is open source [...]. Gamers are well aware of the fact that the reality they find themselves in is but one of many possibilities they have at their disposal, it is just one version of the way the world works, never the one and only objective vision."[227]

In diesem Sinne macht auch Machinima nicht nur die Grenzen und Regeln des Computerspiels sichtbar, sondern hat in einem weiteren Schritt eine potenziell emanzipatorische Funktion.

Selbst wenn man mit der Interpretation nicht so weit gehen will – als Hybrid aus Computerspiel und Film zeigt THE FRENCH DEMOCRACY Verwerfungslinien, die ihn holprig und in sich unstimmig erscheinen lassen. In der Berichterstattung wird er mit filmischen Maßstäben bewertet, und es herrscht Einigkeit, dass THE FRENCH DEMOCRACY „Ecken und Kanten" hat und keine Goldene Palme in Cannes gewinnen wird[228]. Die unpassenden Sets, die duplizierten Szenen und die Untertitel in gebrochenem Englisch werden als technische Mankos verbucht. Und tatsächlich hätte man technisch gesehen die Sets mit etwas Programmiererwissen modifizieren können, sodass sie erkennbar Frankreich repräsentieren, man hätte es mit etwas Geschick vielleicht vermeiden können, dieselbe Szene zweimal zu benutzen, und man hätte die Stimmen synchronisieren oder zumindest die Untertitel grammatikalisch richtig setzen können. Allerdings verleiht gerade dieses Amateurhafte von THE FRENCH DEMOCRACY dem Film eine Authentizität und Unmittelbarkeit, die ihn überhaupt erst mit einem Blog vergleichbar macht und das Gefühl vermittelt, die Geschichte komme aus erster Hand. Seine Brüche machen ihn damit überhaupt erst so bewegend: „Still, the combination of amateurish technique and a

---

227 Raessen, Participatory Media Culture, S. 383.

228 Vgl. Thompson, A machinima commentary on the riots in France, http://www.collisiondetection.net/mt/archives/2005/11/_heres_an_extre.html (letzter Zugriff: 8.5.2008), aber auch Musgrove, Matlack und Totilo.

strong emotional message is oddly moving."[229] Gleichzeitig transportiert THE FRENCH DEMOCRACY damit eine fast häretische Do-it-yourself-Ideologie gegenüber den akzeptierten Produktionsstandards, die Thompson dazu veranlasst, Parallelen zwischen der Ungeschliffenheit von THE FRENCH DEMOCRACY und der Rebellion der Punkrock-Subkultur zu ziehen: „The raw DIY feel of this project is more punk rock than anything anyone's done with music in about 20 years."[230] In diesem Sinne steht dieser Machinima für die kulturelle Ermächtigung des einzelnen Amateurs.

Die Ecken und Kanten in THE FRENCH DEMOCRACY als Ungeschliffenheit vor dem Hintergrund filmischer Maßstäbe wahrzunehmen, offenbart freilich einen Konflikt, der in der Machinima-Gemeinschaft selbst begründet liegt. Schon der Schritt von Quake Movies zu Machinima war beeinflusst von Machinima-Machern, die mehr oder weniger aus dem Bereich der Computeranimation, der Medienkunst oder des Films kamen und die Machinima für sich entdeckt hatten als eine Möglichkeit, Filme ohne großes Budget zu realisieren. Die Gemeinschaft versteht sich weitgehend selbst als Filmemacher, und in den Bemühungen um Anerkennung für Machinima schwingt die Bemühung mit, Machinima als „stepping stone to Hollywood"[231] zu nutzen[232]. Einerseits gibt es also einen professionellen Anspruch, Machinima als Film zu verstehen und zu bewerten, dem andererseits ein Graswurzelansatz gegenübersteht, der wie THE FRENCH DEMOCRACY mehr die Möglichkeit der Selbstdarstellung als die technische Vollendung in den Vordergrund stellt. Aus dieser engen Selbstbindung an

---

229 Matlack, Video Games go to the Movies, http://www.businessweek.com/technology/content/dec2005/tc20051208_639203.htm?campaign_id=search (letzter Zugriff: 7.5.2008).

230 Thompson, A machinima commentary on the riots in France, http://www.collisiondetection.net/mt/archives/2005/11/_heres_an_extre.html (letzter Zugriff: 8.5.2008).

231 Berkeley, Leo (2006): Situating Machinima in the New Mediascape. In: *Australian Journal of Emerging Technologies and Society* 4, 2. S. 68.

232 Vgl. hierzu auch Musgrove, Game Turns Players Into Indie Moviemakers, http://www.washingtonpost.com/wp-dyn/content/article/2005/11/30/AR2005113002117.html (letzter Zugriff 7.5.2008).

filmische Konventionen, zusammen mit seinen Wurzeln im Computerspiel, resultiert auch, dass Machinimas oft als eine seltsame Mischung aus Alt und Neu wahrgenommen werden. So kommentiert Thompson die englischen Untertitel in THE FRENCH DEMOCRACY mit:

> „This creates the odd effect of a movie that feels both incredibly new - it's created using a video game - and incredibly old: It uses speech-frames straight out of silent movies."[233]

Eine ähnliche Beobachtung macht Berkeley, der erstaunt ist, wie konservativ die Narration in dieser neuen Medienform ist, die die Möglichkeiten ihrer interaktiven, hypertextuellen und virtuellen Umgebung vornehmlich nutzt, um traditionelle, lineare Geschichten zu erzählen und so die Vorherrschaft filmischer Narration gegenüber digitalen Emporkömmlingen wie dem Computerspiel untermauert[234]. Damit steht jeder Gedanke über die emanzipatorischen Potenziale von Machinima in einem Spannungsfeld von (subversiver) Subkultur und Anbiederung an die Filmindustrie. Die fließenden Grenzen der Convergence Culture (zwischen Produzent und Konsument, Amateur und Profi) korrumpieren so gewissermaßen widerständiges Produzieren.

Aus medialer Sicht verdeutlichen diese Betrachtungen und Erklärungsversuche das Problem, das aufkommt, betrachtet man Machinima rein als Film, denn das heißt, eine neue Technik nur im Rahmen einer alten Technik zu verstehen - als spreche man von einem Auto als einer pferdelosen Kutsche. Betrachtet man Machinima hingegen als Ausdrucksform, die Film und Computerspiel verbindet und so als „Intermedia" konzeptionell zwischen diesen bekannten Medien liegt, kann man die „Ecken und Kanten" als etwas Neues verstehen, als einen Verfremdungseffekt, den die Fusion mit sich bringt und der unsere habitualisierte Wahrnehmung durchbricht[235]. Insofern kann man,

---

233 Thompson, A machinima commentary on the riots in France, http://www.collisiondetection.net/mt/archives/2005/11/_heres_an_extre.html (letzter Zugriff: 8.5.2008).

234 Vgl. Berkeley, Situating Machinima in the New Mediascape, S. 67.

235 Vgl. Schröter, Jens (1998): Intermedialität. Facetten und Probleme eines aktuellen medienwissenschaftlichen Begriffs. In: *Montage AV* 7, 2. S. 130f.

um auf den Ausgangspunkt dieses Kapitels zurückzukommen, Machinima durchaus als widerständige Ausdrucksform beschreiben.

7. Red vs. Blue

Neben dem Machinima THE FRENCH DEMOCRACY, der aufgrund seiner eher unkonventionellen Thematik Aufmerksamkeit erregte, ist die bekannteste und erfolgreichste Machinima-Serie bis heute RED VS. BLUE: THE BLOOD GULCH CHRONICLES. Es ist eine Science-Fiction/Comedy-Serie aus dem Universum des futuristischen Ego-Shooters HALO[236], die im April 2003 ihre Internet-Premiere feierte und bis zur letzten und 100. Episode im Juni 2007 auf wöchentlicher Basis veröffentlicht wurde. Mit ihren Anspielungen und Insider-Witzen fällt diese HALO-Parodie eigentlich genau in die Sparte der Machinima-Fanproduktionen, die sich mehr oder weniger exklusiv an den Zirkel der Gamer richten und darüber hinaus kaum verständlich sind. Dennoch war RED VS. BLUE mit mehr als 900.000 Downloads pro Woche[237] außerordentlich erfolgreich.

Die Macher, *Rooster Teeth*, sind eine fünfköpfige Gruppe um Mike „Burnie" Burns aus Buda, Texas, die ursprünglich nur eine Internetseite betrieben, http://www.drunkengamers.com, auf die Burns dann kommentierte Computerspiel-Videos setzte, bis er auf die Idee kam, einen narrativen Film mit HALO zu drehen, und einen Trailer ins Internet stellte. Wenig später wurde drunkengamers.com allerdings geschlossen, und erst als sich Monate später die Zeitschrift *Computer Gaming World* mit einer Anfrage meldete, ob sie eines der alten Game-Videos benutzen dürfe, schloss sich die Gruppe wieder zusammen, schuf eine neue Internetseite, auf die das Magazin verweisen konnte, und stellte darauf die erste Episode von RED VS. BLUE[238]. Damit ver-

---

236 Bungie Studios, Microsoft Gamestudios 2001–2007.

237 Vgl. Allen, Greg (2004): Virtual Warriors Have Feelings, Too. In: *New York Times*, 4. November. Online unter URL: http://www.nytimes.com/2004/11/14/arts/14alle.html?_r=1&scp=1&sq=Warriors+have+feelings%2C+too&st=nyt&oref=slogin (letzter Zugriff: 28.4.2008). Varney spricht 2006 sogar von über einer Million Zuschauer: Varney, Allen (2006): Red vs. Blue makes Green. In: *The Escapist*, 68, 24. Oktober. Online unter URL: http://www.escapistmagazine.com/articles/view/issues/issue_68/396-Red-vs-Blue-Makes-Green (letzter Zugriff: 19.5.2008).

238 Vgl. URL: http://rvb.roosterteeth.com/info/ (letzter Zugriff: 2.5.2008).

dankt die Serie ihren Erfolg zum Teil (ähnlich wie THE FRENCH DEMOCRACY) einem traditionellen Medium, das die Aufmerksamkeit eines breiteren Publikums auf RED VS. BLUE lenkte, auch wenn es sich in diesem Fall um eine an die Subkultur der Gamer gerichtete Veröffentlichung handelte[239]. Die weitere Verbreitung fand dann entlang inoffizieller Kanäle über Blogs statt, über die sich die Nachricht ausbreitete und so großen Widerhall fand, dass der Server, auf dem RED VS. BLUE lag, unter der Last der Anfragen zusammenbrach[240].

Jährlich liegen *Rooster Teeths* Kosten für Computerbandbreite, um die Serie einem großen Publikum zugänglich zu machen, bei 150.000 Dollars[241]. Angesichts dieser Kosten wäre es nicht möglich gewesen, RED VS. BLUE so weit zu verbreiten, ohne die Serie kommerziell zu nutzen. Die hundert im Schnitt fünf Minuten langen Folgen von RED VS. BLUE sind in fünf Staffeln zusammengefasst, die nicht nur über das Internet, sondern auch auf DVD zum Preis von 15 bis 20 Dollars erhältlich sind. Während die Folgen kostenlos aus dem Internet heruntergeladen werden können und konnten, machte *Rooster Teeth* die Episoden außerdem für Sponsoren, das heißt für jeden, der jedes halbe Jahr 10 Dollars zahlte, zwei Tage früher zugänglich, ebenso wie exklusives Material und Downloads in besserer Video-Qualität. Daneben vertreibt *Rooster Teeth* auch eine ganze Reihe anderer Fan-Artikel, wie T-Shirts, Kappen, Pullover, Sticker, Soundtracks und Poster[242]. Eigentlich hätte *Microsoft*, deren Tochtergesellschaft *Bungie Studios* HALO entwickelt hat, RED VS. BLUE als Verstoß gegen ihr Urheberrecht im Keim ersticken und *Rooster Teeth* verklagen können, zumal eine kom-

239 Computer Gaming World (USA/Kanada, 1981–2006) hatte 2003 etwa 300.000 Leser. Quelle: Media Distribution Services. Online unter URL: http://www.mdsconnect.com/topcirculation.htm (letzter Zugriff: 19.5.2008).

240 Vgl. Thompson, Clive (2005): The Xbox Auteurs. In: *New York Times*, 7. August. Online unter URL: http://www.nytimes.com/2005/08/07/magazine/07MACHINI.html?pagewanted=print (letzter Zugriff: 28.4.2008).

241 Stand: 2004; Delaney, Kevin (2004): When Art Imitates Videogames, You Have 'Red vs. Blue'. In: *Wall Street Journal*, 9. April. Online unter URL: http://nikon.bungie.org/pressscans/wsj.040904/red_vs_blue_wsj.pdf (letzter Zugriff: 2.5.2008).

242 Vgl. URL: http://www.roosterteethstore.com/ (letzter Zugriff 2.5.2008).

merzielle Nutzung in den Lizenzvereinbarungen, denen man bei der Installation eines Spiel zustimmt, generell ausgeschlossen ist. Allerdings stellten sich die Entwickler von Anfang an hinter RED VS. BLUE, und die Serie brachte für *Microsoft* eine PR, die sie schwer selbst hätten in Auftrag geben können:

> „'Red vs. Blue' gave the game a whiff of countercultural coolness, the sort of grass-roots street cred that major corporations desperately crave but can never manufacture. After talking with Rooster Teeth, Microsoft agreed, remarkably, to let them use the game without paying any licensing fees at all."[243]

Als Teil der Abmachung mit *Microsoft* macht *Rooster Teeth* keine Angaben dazu, wie viel Geld sie mit RED VS. BLUE verdienen[244], aber ihre Fanbasis vermittelt einen groben Eindruck der Größe ihrer Kundschaft: So hat die *Rooster-Teeth*-Fangemeinschaft, beheimatet auf ihrer Internetseite http://rvb.roosterteeth.com, derzeit 674.207 registrierte Mitglieder[245]. Sie gehören mittlerweile zu den wenigen professionellen Machinima-Produktionsfirmen, die ihren Lebensunterhalt mit Machinimas verdienen können[246], und tatsächlich engagierte *Microsoft* *Rooster Teeth* in der Folge sogar, um RED-VS.-BLUE -Werbevideos für HALO zu drehen. Doch auch wenn es fast scheint, dass sich der Machtdiskurs hier umgekehrt einschreibt und der produzierende Konsument und die Fangemeinschaft über den Konzern als Rechteinhaber „triumphieren", darf nicht vergessen werden, dass sie mit den Interessen von *Microsoft* ein Damoklesschwert über sich haben und *Microsoft* ihnen jederzeit ein Ende machen könnte, wenn das Image und die

---

243 Thompson, The Xbox Auteurs, http://www.nytimes.com/2005/08/07/magazine/07MACHINI.html?pagewanted=print (letzter Zugriff: 28.4.2008).

244 Vgl. Varney, Red vs. Blue makes Green, http://www.escapistmagazine.com/articles/view/issues/issue_68/396-Red-vs-Blue-Makes-Green (letzter Zugriff: 19.5.2008).

245 Stand: 15.5.2008; Quelle: URL: http://rvb.roosterteeth.com/members/stats/ (letzter Zugriff: 19.5.2008).

246 Es folgten weitere Aufträge, etwa eine von Electronic Arts zu Werbezwecken in Auftrag gegebene Serie in DIE SIMS 2; vgl. auch Thompson, The Xbox Auteurs, http://www.nytimes.com/2005/08/07/magazine/07MACHINI.html?pagewanted=print (letzter Zugriff: 28.4.2008).

Werbung, die RED VS. BLUE für sie und das Computerspiel HALO bedeuten, nicht mehr benötigt werden. In RED VS. BLUE eine Ermächtigung hineinzulesen, muss also relativiert werden; es ist eher ein Interessenausgleich.

HALO selbst ist eine Ego-Shooter-Serie vor dem narrativen Hintergrund einer Zukunft, in der die Menschen Hunderte von Planeten kolonisiert haben und sich gegen eine Allianz außerirdischer Lebensformen, die sich „Covenant" nennt, wehren müssen, welche sie in einem heiligen Krieg auslöschen will. Neben dem Kampf gegen die Aliens bietet HALO auch eine Mehrspieler-Option, in der entweder eine begrenzte Anzahl an Spielern miteinander die Außerirdischen bekämpfen oder auf speziellen „maps"[247] gegeneinander antreten kann, um zum Beispiel „Capture the Flag" zu spielen, also die gegnerische Fahne zu erbeuten. RED VS. BLUE spielt in einem solchen Level, in der desolaten Einöde des abgelegenen Canyons „Blood Gulch", in dem sowohl das rote als auch das blaue Team eine Basis besetzt halten.

Den Plot der fünf Staffeln hier zu beschreiben, würde zu weit führen[248], zumal die Serie einen Großteil ihres komischen Potenzials aus ihrer absurden Beliebigkeit und ihrer „anarchischen Energie"[249] bezieht, die Kritiker dazu veranlasst haben, RED VS. BLUE sowohl in die Tradition von SOUTH PARK[250] zu stellen als auch in eine Linie mit dem absurden Drama: „It's truly as sophisticated as Samuel Beckett."[251] Dieser Gedankengang ist deshalb gerechtfertigt, weil RED VS. BLUE eine aberwitzige Frage stellt: Was denken und tun virtuelle Figuren, wenn wir das Spiel verlassen haben? So sagte Burns in einem Interview:

---

247 Das sind eigenständige Level.

248 Eine Übersicht über die Staffeln und Figuren findet sich online unter URL: http://en.wikipedia.org/wiki/Red_vs_blue (letzter Zugriff: 4.5.2008).

249 Vgl. Waters, Daren (2003): Animators turn to Video Games. In: *BBC News Online*, 7. August. Online unter URL: http://news.bbc.co.uk/2/hi/entertainment/3107599.stm (letzter Zugriff: 2.5.2008).

250 Comedy Central u. a., USA 1997–.

251 Graham Leggat, zitiert nach Delany, When Art Imitates Videogames, http://nikon.bungie.org/pressscans/wsj.040904/red_vs_blue_wsj.pdf (letzter Zugriff: 2.5.2008).

„Halo is a virtual world; a character's programmed to talk or shoot when a player enters the room, but what happens right after the player leaves? He's still in there."[252]

Die Idee, dass die virtuellen Pixelsoldaten, anonymisiert und gesichtslos in ihren raumanzugartigen Kampfrüstungen, ein Innenleben haben - noch dazu eines, das losgelöst ist von dem Moment, in dem der Spieler von ihnen Besitz ergreift -, vergleicht Thompson mit Tom Stoppards Kunstgriff in *Rosencrantz and Guildenstern Are Dead*, einem Theaterstück, in dem die Nebenfiguren aus Shakespeares *Hamlet*, Rosencrantz und Guildenstern, plötzlich zu den Hauptfiguren werden[253]. Damit bietet sich die Möglichkeit, das Geschehen aus einer ganz neuen Perspektive zu betrachten.

7.1 Zwischen filmischer Logik und Computerspiel-Logik

Indem RED VS. BLUE aus der Sichtweise der Computerspielfiguren heraus erzählt und sie als Charaktere mit ihrem eigenen, beschränkten Zugang zu ihrer Welt in den Mittelpunkt stellt, kann die Serie die zugrunde liegenden Strukturen des Spiels bzw. des Capture-the-Flag-Modus problematisieren. Als Bestandteil des virtuellen Spiel-Universums nehmen die Blood-Gulch-Soldaten nämlich gerade nicht die Position der Spieler ein, die mit den Regeln und Abläufen vertraut sind, sondern hadern mit der Situation, mit der sie sich konfrontiert sehen:

Simmons: Seriously though, why *are* we out here?

Far as I can tell, it's just a box canyon in the middle of nowhere, with no way in or out. [...] And the only reason we set up a red base here, is because they have a blue base over there. And the only reason they have a

252 Allen, Virtual Warriors Have Feelings, http://www.nytimes.com/2004/11/14/arts/14alle.html?_r=1&scp=1&sq=Warriors+have+feelings%2C+too&st=nyt&oref=slogin (letzter Zugriff: 28.4.2008).

253 Thompson, Xbox Ateurs, http://www.nytimes.com/2005/08/07/magazine/07MACHINI.html?pagewanted=print (letzter Zugriff: 28.4.2008).

> blue base over there is because we have a red base here.[254]

Doch nicht nur der Konflikt, auch die Unterschiede zwischen den beiden Konfliktparteien sind belanglos. Tatsächlich bekommen die Teams auch immer wieder dieselben allgemeinen Befehle, den Feind zu eliminieren und sich mehr anzustrengen (vgl. Episode 77[255]). Darüber hinaus kommunizieren sie, wie sich herausstellt, mit der gleichen Kommandozentrale (vgl. Episode 38[256]). Diese Logik folgt dem Formalismus des Computerspiels, schließlich handelt es sich unter der grafischen Oberfläche nur um einen Programmcode. Im Rahmen einer filmischen Erzählung wird diese Logik jedoch absurd.

Unter narrativen Gesichtspunkten gibt es in RED VS. BLUE daher keine Rechtfertigung für Gewalt. Der Gegensatz zwischen einer filmisch-narrativen Logik und einer Computerspiel-Logik schreibt sich schließlich in das Zusammentreffen von Blood-Gulch-Soldaten und einem anderen roten und blauen Team ein. So finden sich Sarge, aus dem roten Team, und Caboose, aus dem blauen Team, in Folge 39[257] auf ein Schlachtfeld teleportiert, auf dem überall reglose blaue und rote Soldaten liegen. Plötzlich blasen Trompeten zum Rückzug und die vermeintlich Toten springen auf und rennen in ihre jeweiligen Festungen zurück. Wenig später ertönt die Musik zum Angriff, und mit wildem Geschrei („Kill the Reds!", „The only good Blue is a dead Blue!" etc.) und wüsten Beleidigungen stürmen sie heraus und schießen auf alles, was sich bewegt, bis wieder alle reglos am Boden liegen und das

---

254 RED VS. BLUE Episode 1: Why Are We Here? 00:50-01:04 Min. Online unter URL: http//:www.machinima.com/film/view&id=275 (letzter Zugriff: 4.4. 2009). Transkription auch online unter URL: http://rvb.roostertooths.com/episode.php?ep=1 (letzter Zugriff: 2.5.2008).

255 RED VS. BLUE Episode 77: The Arrival. Online unter URL: http://www.machinima.com/film/view&id=2201 (letzter Zugriff: 25.5.2008).

256 RED VS. BLUE Episode 38: K.I.T.B.F.F. (Keep In Touch Best Friends Forever). Online unter URL: http://www.machinima.com/film/view&id=683 (letzter Zugriff: 25.5.2008).

257 RED VS. BLUE Episode 39: The Best Laid Plans. Online unter URL: http://www.machinima.com/film/view&id=802 (letzter Zugriff: 4.4.2009). Transkription auch online unter URL: http://rvb.roostertooths.com/episode.php?ep=39 (letzter Zugriff: 25.5.2008).

Ganze von vorne beginnt. Es ist ein grotesker Kreislauf sinnloser (virtueller) Gewalt, dem die beiden Blood-Gulch-Soldaten - und mit ihnen der Zuschauer - als Außenstehende ratlos beiwohnen. Diese Soldaten sind so anders als die Protagonisten der Serie, dass es scheint, als handele es sich bei ihnen nicht um Computerspielfiguren, die plötzlich in ihrem virtuellen Universum allein sind, sondern um Figuren, die tatsächlich gerade gespielt werden, und zwar von einer Horde Game Fans. Diese Beobachtung wird in späteren Folgen dadurch untermauert, dass einer der Fan-Soldaten sich aus dem Spiel mit der Begründung verabschiedet, dass er den Müll rausbringen müsse[258], und ein anderer ruft: „All right, new level!"[259], als Simmons sie durch einen Teleporter an einen anderen Ort bringt.

Darüber hinaus erfüllen die Fan-Soldaten in ihrer Darstellung jedes gesellschaftliche Klischee eines Fans: Sie sind aggressive, fanatische und etwas dümmliche junge Männer oder Jugendliche[260]. Ihre Kämpfe haben in ihrer Choreographie jedoch eher etwas Rituelles als etwas Ernsthaftes, und zu ihrem spielerischen Charakter trägt noch bei, dass die Fan-Soldaten ihre letzten Worte sprechen, wenn ihr virtueller Körper schon reglos am Boden liegt[261].

Betrachtet man diese Kampfszenen in ihrer filmischen Darstellung, erscheinen sie wie eine merkwürdige Parodie von Gewalt. In ihrem spielerischen Kontext zeugen die aggressiven Handlungen entweder von einer Verrohung oder einfach von Absurdität. Aus dem Blickwinkel der Computerspiel-Logik wiederum macht diese Mischung aus Gewalt und Spiel Sinn. Die Fan-Soldaten haben eine Rolle angenommen, zu der es gehört, den Gegner verbal zu beleidigen und mit gespielter Gewalt zu beseitigen. Es handelt sich für sie nicht wirklich um aggressives Verhalten, sondern sie tauchen in eine Fantasiewelt ein,

---

258 RED VS. BLUE Episode 40: Visiting Old Friends. Online unter URL: http://www.machinima.com/film/view&id=825 (letzter Zugriff: 25.5.2008).

259 RED VS. BLUE Episode 43: Make Your Time. Online unter URL: http://www.machinima.com/film/view&id=852 (letzter Zugriff: 25.5.2008).

260 Ihre Stimmen sind schrill, aber definitiv männlich.

261 RED VS. BLUE Episode 39: The Best Laid Plans. Online unter URL: http://www.machinima.com/film/view&id=802 (letzter Zugriff: 4.4.2009).

die Pseudo-Gewalt beinhaltet[262]. In diesem Sinne parallelisiert *Rooster Teeth* in RED VS. BLUE die Fan-Soldaten auch mit Sportmannschaften, denn es kommt immer wieder zu Teambekundungen, wie dem gemeinsamen Ausrufen einer Losung, zum Beispiel: „We must protect this house!" oder „Get the Flag!" [263]. Das virtuelle Morden ist demnach nur ein Spiel, und es ist ein Sport[264].

Als Medienhybride lässt der Machinima eine filmische Logik und eine Computerspiel-Logik zusammentreffen, und die Komik und Absurdität, die in diesem Spannungsfeld entstehen, offenbaren die unterschiedlichen Interpretationsschemata, die mit den beiden Medien verbunden sind. Gleichzeitig berührt RED VS. BLUE, indem es suggeriert, Computerspiele im Rahmen von Spiel und Sport zu verstehen, einen neuralgischen Punkt. Wie Salen und Zimmerman in Anlehnung an Brian Sutton-Smith ausführen[265], wird dem Spielen in einer Kultur eine bestimmte Funktion zugewiesen, und die Diskussion um Computerspiele rührt zu einem großen Teil daher, dass sie nicht genau in das vorherrschende Spiel-Schema passen. So wird in unserer westlichen Kultur Spielen hauptsächlich als Bestandteil kindlicher Entwicklung betrachtet und dient der Ausbildung bestimmter kognitiver, sozialer oder taktiler Fähigkeiten. Aber man kann Computerspiele auch als Teil einer Ideologie der Macht verstehen, in der das Spielen Werte von Kampf und Konflikt vermittelt, wie zum Beispiel in professionellem Sport. Computerspiele jedoch mit Sport gleichzusetzen, unterminiert das vorherrschende Spiel-Schema: „[…] equating video games with sports (an adult pastime) would threaten the play as progress idea that games are for children"[266]. Diese Unschlüssigkeit, was wir da eigent-

---

262 Goldstein, Jeffrey (2005): Violent Video Games. In: Raessen, Joost/Goldstein, Jeffrey (Hg.): *Handbook of computer game studies*. MIT Press: Cambridge. S. 345.

263 RED VS. BLUE Episode 40: Visiting Old Friends. Online unter URL: http://www.machinima.com/film/view&id=825 (letzter Zugriff 5.5.2008).

264 Vgl. Jauer, Markus (2005): Ein ganz normaler Sport. Jugendliche irritiert die Diskussion. *Süddeutsche Zeitung*, 17. November. Online im Dossier *Killerspiele* unter URL: http://www.sueddeutsche.de/dossiers/dossier/307/91216/ (letzter Zugriff: 27.5.2008).

265 Vgl. Salen/Zimmerman, *Rules of Play*, S. 518.

266 Ebd., S. 518.

lich im Computerspiel vor uns haben, erschwert, sie angemessen zu betrachten und zu beschreiben.

7.2 Die Bedeutung von virtueller Gewalt an virtuellen Körpern

Diese „Sprachlosigkeit" schreibt sich vor allem in die anhaltende Diskussion um Gewalt in Computerspielen ein. Anfang 2008 stellte Familienministerin Ursula von der Leyen ein „Sofortprogramm" zur Verschärfung des Jugendschutzes vor. In einer Tagesschau-Meldung wird sie mit den Worten zitiert: „Gewalt darf nicht belohnt werden in einem Computerspiel zum Beispiel, indem man den nächsten Level erreicht oder indem Leben gesammelt werden."[267]. Im Mai desselben Jahres beschloss dann der Bundestag die Änderung, die zwar nicht das von Bayerns Innenminister Günther Beckstein geforderte generelle Verbot beinhaltet[268], aber die Richtlinien zur Altersfreigabe verschärft. Dazu heißt es in einer Meldung der *WAZ* vom 8. Mai 2008:

> „Union und SPD beschlossen gegen die Stimmen der Opposition, dass Darstellungen von Gewalt als Selbstzweck, Metzel- und Mordszenen sowie die Verherrlichung von Selbstjustiz künftig dazu führen sollen, dass ein Spiel auf den Index gesetzt wird."[269]

Betrachtet man unter diesen Gesichtspunkten die Gegenposition, die RED VS. BLUE in seiner geradezu fröhlichen, spielerischen Darstellung von Gewalt einnimmt, wirft das einige Fragen auf. Welche Bedeutung hat Gewalt im Spiel? Führt die gespielte Gewalt wirklich zu Verrohung und ist sie eigentlich mit realer Gewalt vergleichbar? Und welche Bedeutungen haben der virtuelle Körper und sein Tod überhaupt? Wie der Avatar-Körper als Zeichen mit Bedeutung besetzt ist - und wie so auch Gewalt an ihm aufgefasst wird –, ist vermutlich eine Quelle vieler Missverständnisse zwischen Spielern auf der einen und Computerspielkritikern auf der anderen Seite:

---

267 Ohne Autor (2008): Jugendmedienschutz wird verschärft. Keine Killerspiele mehr für Kids. *Tagesschau.de*, 13. Februar. Online unter URL: http://www.tagesschau.de/inland/meldung59454.html (letzter Zugriff: 23.5.2008).

268 Vgl. ebd.

269 epd (2008): Bundestag erschwert Verkauf von Killerspielen. *WAZ*, 8. Mai.

„Media researchers often speak of the amount of violence in media, but they do not typically consider the meaning or interpretation of that violence by its audience."[270]

Begreift man Machinima als Produkte, die aus der Rezeption des Computerspiels hervorgehen, und damit als eine Lesart des Spieltextes, bieten sie eine einzigartige Fährte, um den Interpretationen der Computerspielfans nachzugehen.

RED VS. BLUE problematisiert den virtuellen Körper auf verschiedenen Ebenen. Zunächst einmal greift es den aus THE FRENCH DEMOCRACY schon bekannten Aspekt des Formalismus des Computerspiels auf, denn alle Avatare haben das gleiche Grundmodell. Mit ihren Rüstungen und Helmen sind die Soldaten leere, verfremdete Körper, die kaum Identifikationsprozesse anleiten, was sie zu ungewöhnlichen Protagonisten für eine filmische Erzählung macht. Um die Blood-Gulch-Soldaten dennoch (für den Zuschauer) unterscheidbar zu machen, werden die einzelnen Figuren mit Stimme und Charaktereigenschaften individualisiert und mit unterschiedlich gefärbten Rüstungen ausgestattet. In der Praxis erfordert dies dennoch einiges an Gewöhnung, da mehrere Figuren von derselben Person gesprochen werden und auch eine rote, weinrote, orange und hellrote Rüstung (um das rote Team als Beispiel zu nehmen) als Referenzkriterien zunächst wenig befriedigend sind und den zugrunde liegenden Formalismus eher noch hervorheben.

Die Individualisierung der Figuren in diesem Spannungsfeld wird zu einem Spiel mit der Projektionsfläche, die der virtuelle Körper bietet. Da der Spieler selbst im Spiel seinen Körper nicht sieht, sind das zumeist Projektionen, die von außen an ihn herangetragen werden. So veranlasst auch in RED VS. BLUE die hellrote bzw. pinkfarbene Rüstung der Figur Donut die anderen Figuren dazu zu denken, er sei eine Frau, und ihn damit aufzuziehen (vgl. Episode 16 und 19[271]). Dem gegen-

---

270 Goldstein, Violent Video Games, S. 341.

271 RED VS. BLUE Episode 16: A Slightly Crueller Cruller. Online unter URL: http://www.youtube.com/watch?v=Vi-yw_Roh9g (letzter Zugriff: 30.5.2008), RED VS. BLUE Episode 19: Last One Out, Hit The Lights. Online unter URL: http://www.machinima.com/film/view&id=340 (letzter Zugriff: 30.5.2008).

über steht die vom blauen Team angeforderte Spezialeinheit Tex, eine freiberufliche Tötungsmaschine in schwarzer Rüstung, die für Geld jeden Auftrag übernimmt und die für einen Mann gehalten wird, die aber, wie sich im Laufe der Handlung herausstellt, eine Frau ist (vgl. Episode 10 bis 12[272]). Die virtuellen Körper sind aber nicht nur widerständig gegenüber Genderzuschreibungen, auch Merkmale wie ethnische Zugehörigkeit und Hautfarbe sind vor dem Hintergrund der künstlichen Körper arbiträre Kategorien, eine Leerstelle, mit der in RED VS. BLUE immer wieder gespielt wird:

Simmons: What're you asking me for?

Grif: Well you know, because you're of uh, a *Latino persuasion*.

Simmons: Simmons isn't a Spanish name, you dumbass. I'm Dutch Irish.[273]

Tucker: I'm not Andy, I'm Tucker.

Church: No, I know, what's your first name?

Tucker: Lavernius.

Church: Lavernius, well then who's this Andy g- wait a second … are you black?[274]

Indem die Rüstungen und verspiegelten Helme der HALO-Avatare keinen Blick auf Merkmale zulassen, die in der realen Welt Interpretation und Sinnschemata informieren würden, zeigen sie die Grenzen

---

272 RED VS. BLUE Episode 10: A Shadow Of His Former Self. Online unter URL: www.machinima.com/film/view&id=296 (letzter Zugriff: 30.5.2008), RED VS. BLUE Episode 11: Knock Knock, Who's There? Pain. Online unter URL: http://www.machinima.com/film/view&id=298 (letzter Zugriff: 30.5.2008), RED VS. BLUE Episode 12: Down, But Not Out. Online unter URL: http://www.machinima.com/film/view&id=300 (letzter Zugriff: 30.5.2008).

273 RED VS. BLUE Episode 17: Points Of Origin. 01:46–02:01 Min. Online unter URL: http://www.youtube.com/watch?v=TxTxL0otq7Y&feature=related (letzter Zugriff: 24.5.2008); Transkription auch online unter URL: http://rvb.roostertooths.com/episode.php?ep=17 (letzter Zugriff: 24.5.2008).

274 RED VS. BLUE Episode 54: Hello My Name Is Andrew. 01:42–01:52. Online unter URL: http://www.machinima.com/film/view&id=1058 (letzter Zugriff: 4.4.2009). Transkription auch online unter URL: http://rvb.roostertooths.com/episode.php?ep=54 (letzter Zugriff: 3.5.2008).

traditioneller, kultureller Zuschreibungen in der virtuellen Welt. So wie Identitäten in virtuellen Räumen (im Internet, in Onlinespielen etc.) fließend sind und jede Rolle spielend ausprobiert und anprobiert werden kann, ohne dass der Gegenüber sicher weiß, wer sich tatsächlich hinter bzw. in dem virtuellen Körper verbirgt, ist auch der Computerspiel-Avatar kein Abbild eines realen Körpers in dem Sinne, wie das filmische Bild ihn darstellt, denn er macht die Künstlichkeit ihrer Verbindung sichtbar. Dies problematisiert RED VS. BLUE weiter, indem eine Fragmentierung von Geist und Körper auf verschiedene Weise thematisch aufgenommen wird.

So ist ein treibendes Motiv in der Handlung von RED VS. BLUE die Spaltung von Körper und Geist. Zwei der Protagonisten, Church und Tex, werden noch in der ersten Staffel getötet (Episode 8 und 19[275]), kommen aber als Geister wieder zurück, und wenn sie nicht als solche am Geschehen teilnehmen, nehmen sie wahlweise Besitz von anderen Soldaten oder dem roten Roboter Lopez, bis ihnen selbst Roboterkörper gebaut werden (Episode 37 und 38[276]). Verkompliziert wird diese Unabhängigkeit von Körper und Geist durch eine böse künstliche Intelligenz, die ursprünglich ein Teil von Tex war, dann aber unbemerkt erst von Caboose Besitz ergreift (Episode 19–34), und schließlich von einem unbeteiligten Sanitäter (ab Episode 34), sodass es den Anschein hat, sie wären schizophren. Auf diese Weise wird (analog zu der Unzuverlässigkeit virtueller Identitäten) die Verbindung von Körper-Avatar und der Persönlichkeit dahinter ad absurdum geführt.

Diesem Motiv der multiplen Persönlichkeiten in einem Körper wird das Motiv einer Persönlichkeit in vervielfältigten Körpern gegenübergestellt. So trifft Church nicht nur eine mentale Kopie von sich in

---

275 RED VS. BLUE Episode 8: Don't Ph34ser The Reaper. Online unter URL: http://www.youtube.com/watch?v=6l1Ulpz317k (letzter Zugriff: 30.5.2008), RED VS. BLUE Episode 19: Last One Out, Hit The Lights. Online unter URL: http://www.machinima.com/film/view&id=340 (letzter Zugriff: 30.5.2008).

276 RED VS. BLUE Episode 37: Dealer Incentive. Online unter URL: http://www.machinima.com/film/view&id=677 (letzter Zugriff: 30.5.2008), RED VS. BLUE Episode 38: K.I.T.B.F.F. (Keep In Touch Best Friends Forever). Online unter URL: http://www.machinima.com/film/view&id=683 (letzter Zugriff: 25.5.2008).

Cabooses Kopf, als er versucht, ihn von der feindlichen K. I. zu befreien (Episode 34[277]), er erschafft durch Zeitreisen auch unzählige Kopien von sich selbst, die miteinander interagieren, während er immer wieder bei dem Versuch versagt, die Vergangenheit zu verändern und seinen eigenen Tod zu verhindern (Episode 50 bis 52[278]). Dabei ist er in einer Art Zeitschleife gefangen, die wie ein Speicherpunkt im Computerspiel funktioniert und jede neue Church-Version von der gleichen Ausgangsposition immer wieder losschickt, um durch Versuch und Irrtum die Aufgabe (respektive das Level) zu meistern. Dadurch kommt es schließlich dazu, dass er zwar stirbt, aber dabei neben den anderen Soldaten vom roten und blauen Team auch eine Version von sich selbst in die Zukunft schickt, sodass die Geschichte weitergehen kann. In dieser Computerspiel-Logik sind die unterschiedlichen Church-Versionen, die sich in den Episoden begegnen, gleichzeitig dieselbe Figur, aber auch eine andere, eine, die einen anderen Weg in der Geschichte bzw. dem Spiel zurückgelegt hat. Man kann sie gewissermaßen als modernes Simulacrum verstehen, bei dem die Unterscheidung von Original und Kopie nicht mehr möglich ist, ja allein das Vorhandensein eines Originals bereits fragwürdig scheint. So kann Church seinen eigenen Tod durch die Explosion nicht verhindern, aber das ist nicht von Bedeutung, da eine andere Version von ihm einfach weitermacht.

Durch die Replizierbarkeit und die Austauschbarkeit der Figur widersteht sie einem linearen Ablauf – und damit letztlich dem Ende und dem Tod. Nicht immer wird dieser Tod so elaboriert ausgehandelt wie im Fall von Church, aber fast alle Figuren in RED VS. BLUE sterben an der einen oder anderen Stelle in der Serie oder werden schwer verletzt. Allerdings hat diese Gewalt am virtuellen Körper keine weiteren

---

277 RED VS. BLUE Episode 34: Aftermath, Before Biology. Online unter URL: http://www.machinima.com/film/view&id=643 (letzter Zugriff: 4.4.2009).

278 RED VS. BLUE Episode 50: Silver Linings. Online unter URL: http://www.machinima.com/film/view&id=1006 (letzter Zugriff: 25.5.2008), RED VS. BLUE Episode 51: Episode 50 Part 2. Online unter URL: http://www.machinima.com/film/view&id=1009 (letzter Zugriff: 25.5.2008), RED VS. BLUE Episode 52: Have We Met? Online unter URL: http://www.machinima.com/film/view&id=1036 (letzter Zugriff: 25.5.2008).

Auswirkungen. So ist Tucker, der am Ende der zweiten Staffel (Episode 38)[279] bewusstlos zurückgelassen wird und in Episode 39 noch im Sterben liegt, bei seinem nächsten Auftritt in Folge 41 ohne Erklärung plötzlich wieder geheilt[280]. Und auch als der Sarge bei einer Explosion vermeintlich ums Leben kommt (Episode 28[281]), platzt er in der nächsten Folge in seine eigene Beerdigung.

Der Tod hat für die virtuellen Figuren keine Bedeutung, da der virtuelle Körper gemäß seiner Natur als ein Stück Programmcode unendlich replizierbar und austauschbar ist wie eine Massenware. Die Technisierung des virtuellen Körpers zeigt sich bis in die Austauschbarkeit seiner Einzelteile (die freilich unter den Rüstungen in RED VS. BLUE für den Zuschauer unsichtbar bleiben). So wird beispielsweise der verwundete Grif in Episode 34 verarztet und dabei gleich komplett überholt:

> Sarge: I had to replace certain body parts that were *severely* damaged when the tank ran you over. And a few that atrophied from a lifetime diet of hoohoos and bacon flavored marshmallows.
>
> Grif: Wait – which body parts?
>
> Sarge: Well let's see, we had to *start* with the shoulder, then we moved on down to the flank … […][282]

Diese Art der Kontrolle über den Körper zeichnet das Bild eines virtuellen Körpers, der nicht mehr organisch, sondern mechanisch ist und

279 RED VS. BLUE Episode 38: K.I.T.B.F.F. (Keep In Touch Best Friends Forever). Online unter URL: http://www.machinima.com/film/view&id=683 (letzter Zugriff: 25.5.2008).

280 RED VS. BLUE Episode 39: The Best Laid Plans. Online unter URL: http://www.machinima.com/film/view&id=802 (letzter Zugriff: 4.4.2009). RED VS. BLUE Episode 41: Let's Get Together. Online unter URL: http://www.machinima.com/film/view&id=847 (letzter Zugriff: 25.5.2008).

281 RED VS. BLUE Episode 28: In Stereo Where Available. Online unter URL: http://www.machinima.com/film/view&id=540 (letzter Zugriff: 25.5.2008).

282 RED VS. BLUE Episode 34: Aftermath, Before Biology. 03:07–03:23 Min. Online unter URL: http://www.machinima.com/film/view&id=643 (letzter Zugriff: 4.4.2009). Transkription auch online unter URL: http://rvb.roostertooths.com/episode.php?ep=34 (letzter Zugriff: 4.5.2008).

in dem jedes Organ wie ein Apparat funktioniert, der ausgetauscht werden kann. Dieses mechanische Körperbild kulminiert im Motiv der Umwandlung zum Cyborg. So wird Simmons einfach in einen Roboter umgewandelt, nachdem der Roboter Lopez verloren geht (Episode 30[283]). Da die HALO-Soldaten äußerlich ohnehin entmenschlicht sind und zwischen den Roboterkörpern und den „menschlichen" Körpern kein Unterschied besteht (die Umwandlung also keinen Effekt zeigt), ist die Aufnahme dieses Themas etwas absurd, verdeutlicht dadurch aber gerade, dass der virtuelle Körper immer ein künstlicher, technischer Körper ist.

Diese verschiedenen Problematisierungen des virtuellen Körpers machen deutlich, dass er nicht wie ein realer Körper verstanden wird. In der Computerspiel-Logik hat die Gewalt am virtuellen Körper daher auch nicht die gleiche Bedeutung wie Gewalt am organischen Körper. Der Transfer von Sinnschemata aus dem Alltag stößt hier in der virtuellen Welt abermals an Grenzen. Der Avatar-Körper im Computerspiel entzieht sich durch seine Replizierbarkeit, seine Technisierung und seine fragmentierte Verbindung zu dem Spieler dahinter (falls es ihn überhaupt gibt und die Figur nicht vom Computer gesteuert wird) jeglicher Empathie, er ist ein weitgehend referenzloses Zeichen, eine Oberfläche, hinter der sich nichts weiter verbirgt als Codezeilen. Unter diesen Voraussetzungen wird verständlich, warum Spieler das Recht beanspruchen, dass Normen aus der Realität in der Welt des Computerspiels nicht von Bedeutung sind:

> „Während sie [die Computerspieler] in Hinblick auf die reale Welt den moralischen Normen im Grundsatz nicht widersprechen, beharren sie darauf, dass sie sich im Computerspiel in einem wertfreien Raum befinden, der anderen Prinzipien als denen der realen Welt folgt. [...] In der Tat: Die virtuelle Welt ist eine eigene Welt."[284]

---

283 RED VS. BLUE Episode 30: I Dream Of Meanie. Online unter URL: http://www.machinima.com/film/view&id=556 (letzter Zugriff 30.5.2008).

284 Fritz, Jürgen/Fehr, Wolfgang (2005): Virtuelle Gewalt – Modell oder Spiegel? Computerspiele aus der Sicht der Medienwirkungsforschung. In: BpB (Hg.): *Dossier Computerspiele.* Online unter URL: http://www.bpb.de/themen/YCK0

Ein Computerspiel als „wertfreien" Raum zu bezeichnen führt sicherlich zu weit, denn es ist ein ideologisches Konstrukt, das bestimmten Regeln folgt, ebenso wie die Computerspieler unter sich einen Konsens aushandeln, eine Etikette festgelegter Verhaltensregeln, etwa welche Tricks erlaubt sind und welche als Schummeln gelten. Aber die virtuelle Welt ist eine eigene Welt, die nur unzureichend mit herkömmlichen Begrifflichkeiten beschrieben und verstanden werden kann. Der Umgang mit den Avatar-Körpern in RED VS. BLUE verrät eine Einsicht in ihre Technizität und die der virtuellen Welt, was mit Goldsteins Beobachtung korreliert, dass Spieler, unabhängig vom Grad der Gewalt in einem Spiel, dieses unter den Gesichtspunkten seiner Mechanik betrachten[285]. Die Kritiker auf der anderen Seite geraten in den Verdacht, Computerspiele als „pferdelose Kutsche" in rein filmischen/televisuellen Kategorien zu verstehen und damit dem Bann der Simulation, der Projektionsfläche, die virtuelle Körper bieten, zu erliegen. So macht es einen Unterschied, unbedarft von außen das Geschehen am Bildschirm zu verfolgen und zu sehen, dass Menschen (bzw. Humanoide) erschossen, zersprengt oder überfahren werden, oder das Geschehen aus der Perspektive eines Spielers zu betrachten, der vor dem Hintergrund der Erfahrung in der virtuellen Welt Bedeutung aus der Gewalt schöpft. Damit soll nicht die Diskussion um Computerspiele generell kritisiert oder in Frage gestellt werden, aber es ist ein weiterer Hinweis darauf, dass die Begrifflichkeiten, um Computerspiele zu beschreiben, noch unterentwickelt sind.

P5,4,0,Virtuelle_Gewalt%3A_Modell_oder_Spiegel.html#art4 (letzter Zugriff: 4.5.2008).

285 Goldstein, Violent Video Games, S. 341.

8. Schlussbetrachtungen: Zwischen transformierendem Spielen und widerständigem Produzieren

Die Game Culture stellt uns vor viele Fragen, und wir müssen in den meisten Fällen noch zu einer neuen Sprache finden, um sie überhaupt beantworten zu können. Allein das Ausmachen eines Anfangspunktes und einer Entwicklungsrichtung, anhand derer man eingeschriebene Machtmechanismen nachvollziehen könnte, gestaltet sich schwierig. Die Evolution von Machinima suggeriert die Entwicklung von einer Game-Design-Strategie, die den Computerspielern die Möglichkeit gibt, über reine Interaktion hinaus zu partizipieren, hin zu einer Fankultur, die diese angelegten Möglichkeiten in unvorhergesehene Richtungen weiterführt und sich das Medium als Ausdrucksform aneignet. Jenkins hingegen stellt diese Entwicklung in *Convergence Culture* in eine ältere Tradition von Fan- und Volkskultur, sodass die zugestandenen Autorenrechte mehr wie eine Reaktion seitens der „offiziellen" Kultur erscheinen - zu einer Zeit, in der die digitalen Medien die Partizipationsmöglichkeiten der Konsumenten schon so weit ausgedehnt haben, dass eine Umkehrung nicht mehr möglich scheint:

> „[...] the current moment of media change is reaffirming the right of everyday people to actively contribute to their culture. Like the older folk culture of quilting bees and barn dances, this new vernacular culture encourages broad participation, grassroots creativity, and a bartering or gift economy. This is what happens, when consumers take media into their own hands."[286]

Folgt man dieser Argumentation, muss man aber auch eingestehen, dass eine Kollaboration mit der Fangemeinschaft nicht zuletzt auch darin begründet ist, diese kostenlose Arbeitskraft auszunutzen und sie gleichzeitig in neue Kontrollmechanismen einzubinden, beispielsweise durch Wettbewerbe, die reglementieren, was an Produktionen er-

286 Jenkins, *Convergence Culture*, S. 132.

wünscht ist und was nicht[287]. Und dabei liegt die Anziehungskraft solcher Wettbewerbe nicht nur in der Anerkennung für den Fan-Produzenten und sein Machwerk, sondern sie stellen auch den Übergang in ein professionelles Verhältnis in Aussicht. Ähnliche Mechanismen greifen auch bei Machinima im Fall von geistigen Eigentumsrechten. Da die Rechte an Machinimas, die nicht mit speziellen Machinima-Programmen wie *Moviestorm* etc. gemacht wurden, bei den Computerspiel-Firmen liegen, sind die Machinima-Macher von ihnen abhängig. Auf diese Weise patrouillieren die Firmen die Grenzen ihres Einflussbereichs und auch die Grenzen zur Professionalität, wie das Beispiel von *Rooster Teeth* zeigt, deren Nutzungsrechte für RED VS. BLUE außergewöhnlich sind.

Auf der anderen Seite zeigt sich an RED VS. BLUE natürlich auch, dass eine Fangefolgschaft, sofern sie nur groß genug ist, ihren Einfluss geltend machen und Zugeständnisse erringen kann. Machinimas existieren nicht in völliger Abhängigkeit von der Computerspielindustrie. Im Gegenteil lässt sich sogar argumentieren, dass sie nicht nur die extremste Form von transformierendem Spielen sind[288], sondern sogar einen Schritt darüber hinausgehen. So kann beispielsweise ein Computerspiel zwar modifiziert werden, aber der Mod selbst kann nur von jemandem konsumiert werden, der das Original besitzt[289]. Machinima-Macher müssen zwar auch ein Computerspiel konsumieren, um es für die Produktion nutzen zu können, aber auf der Ebene der Rezeption haben sie sich mit der Entwicklung weg von Quake Movies und dem fast zeitgleichen Wechsel vom Demo- zum Videoformat aus dieser Umklammerung gelöst. Mit dieser Emanzipation war auch der Schritt vom Spielen hin zur Nutzung des Computerspiels als Werkzeug verbunden, aus dem ein dominanter Teil der Machinima-Gemeinschaft ihr Selbstverständnis als Filmemacher bezieht. In der Fortsetzung dieser Entwicklungslinie werden in Zukunft vermutlich stärkere Kon-

---

287 Vgl. *$1 Million Intel Make Something Unreal Contest 2008*, gesponsert von Epic und Intel. Online unter URL: http://www.makesomethingunreal.com/(letzter Zugriff: 31.5.2008).

288 Vgl. Jones, From Shooting Monsters to Shooting Movies, S. 277.

289 Ebd. S. 163.

flikte zwischen Machinima-Machern und der Computerspielindustrie entstehen.

Allerdings zeigt diese Arbeit, dass es zu kurz gefasst wäre, Machinima bloß als eine Innovation findiger Filmemacher zu betrachten. Und das nicht nur, weil Spiele wie THE MOVIES oder DIE SIMS 2 versuchen, durch ihre Film-Funktionen die Machinima-Produktion wieder in den Dunstkreis des Spiels zu integrieren. Die Game Culture, in der Machinima verwurzelt ist, kann als Fankultur betrachtet werden. Diese Kontextualisierung verdeutlicht, dass Machinimas über rein filmische Kategorien hinausgehen, und lenkt die Aufmerksamkeit zurück auf das Computerspiel als Ursprungstext und Ursprungsmedium. Die Prozesse der Transmedialisierung bei der Übersetzung des Mediums Computerspiel in das Medium Film sind auch immer eine Auseinandersetzung mit seinen Möglichkeiten und Grenzen, selbst wenn der Machinima an sich, wie beispielsweise THE FRENCH DEMOCRACY, eher an die Form eines Dokumentarfilms angelehnt ist. Als Medienhybride stellt Machinima damit eine neue Ausdrucksform dar, die die semantischen Systeme von Computerspiel und Film zusammenführt und in ihrer Zusammenlegung einen Verfremdungseffekt erzeugt.

Hierin liegt ein Unterschied im Vergleich zu älteren Fankulturen, denn im Zentrum der Aufmerksamkeit steht weniger ein bestimmter Text, wie zum Beispiel STAR TREK, als vielmehr das Medium selbst. Auch wenn sich die Fankulturen um ein bestimmtes Lieblingsspiel drehen, so kann man doch argumentieren, dass es vor allem seine technischen Charakteristika sind, die es überhaupt dazu machen. Wie in der Hackerkultur ist es ein Spiel mit der Technik und eine Meisterschaft über die Technik. Der entscheidende Unterschied etwa zu älteren TV-Fankulturen ist, dass in der Game Culture die Mittel zur Produktion selbst in die Hände der Fans gelegt werden, während sie bislang das Medium höchstens nachahmen konnten. In diesem Sinne stellen digitale Medien die Fankultur-Forschung vor neue Fragen.

Die Machinima-Gemeinschaft ausgehend von diesen Überlegungen als widerständig zu beschreiben, ist vor dem Hintergrund der mannigfaltigen Wechselbeziehungen in der Convergence Culture schwierig. Es gibt keine einfachen Oppositionen wie Produzenten und Konsumenten, wenn es sie überhaupt jemals gegeben hat. An ihre Stelle sind vielfache Verwerfungslinien getreten: zwischen offiziellen Produzenten und produzierenden Konsumenten, zwischen unterschiedlichen Medien, zwischen Subkultur und dominanten gesellschaftlichen Diskursen usw. Indem man aber kulturelle Produktionen als Lesart anderer Medientexte fasst und Machinimas so in einen weiteren Kontext als den rein filmischen stellt, werden die Diskurse sichtbar, die sich in sie einschreiben, und man kann sie vollständiger verstehen. Darüber hinaus sind sie doch auch Ausdruck einer untergeordneten gesellschaftlichen Position und bringen, wie die Beispiele gezeigt haben, durchaus widerständige Interpretationen in eine öffentliche Debatte ein. Gerade RED VS. BLUE positioniert sich dabei in einem gesellschaftlichen Diskurs über Computerspiele und Gewalt und bietet eine alternative Lesart aus der Sicht der Game Fans. In seiner kulturellen, sozialen und ökonomischen Kontextualisierung ist Machinima daher nicht nur transformierendes Spielen, es ist auch widerständiges Produzieren.

Zwischen transformierendem Spielen und widerständigem Produzieren liegt ein Spannungsfeld, in dem Machinima entstanden ist und in dem es sich bewegt. Das Problem hierbei ist, dass die verschiedenen Entwicklungslinien ein komplexes Muster bilden, das in seinen Interdependenzen einer linearen Einteilung widersteht. Doch da Machinima das Kind einer Medienwelt im Wandel ist, in der sich die Positionen der einzelnen Akteure zueinander im Fluss befinden und auf neue und unvorhergesehene Arten miteinander interagieren, kann es gerade (oder vielleicht nur) in dieser Kontextualisierung in seiner Bedeutung am vollständigsten verstanden werden.

9. Anhang

9.1 Literaturverzeichnis

Allen, Greg (2004): Virtual Warriors Have Feelings, Too. In: *New York Times*, 4. November. Online unter URL: http://www.nytimes.com/2004/11/14/arts/14alle.html?_r=l&scp=1&sq=Warriors+have+feelings%2C+too&st=nyt&oref=slogin (letzter Zugriff: 28.4.2008)

Berkeley, Leo (2006): Situating Machinima in the New Mediascape. In: *Australian Journal of Emerging Technologies and Society* 4, 2. S. 64–80.

Burnett, Robert/Marshall, David P. (2003): *Web Theory: An Introduction*. London: Routledge.

Carrol, John/Cameron, David (2005): Machinima: digital performance and emergent authorship. DIGRA Conference Paper, Changing Views: Worlds in Play. Online unter URL: http://www.gamesconference.org/digra2005/viewabstract.php?id=384 (letzter Zugriff: 16.11.2007).

Coppa, Francesca (2006): A Brief History of Media Fandom. In: Hellekson, Karen/Busse, Kristina (Hg.): *Fan Fiction and Fan Communities in the Age of the Internet. New Essays*. Jefferson, NC/London: McFarland. S. 41–59.

De Certau, Michel (1984): *The practice of everyday life*. Berkeley: University of California Press.

Delaney, Kevin (2004): When Art Imitates Videogames, You Have 'Red vs. Blue'. In: *Wall Street Journal*, 9. April. Online unter URL: http://nikon.bungie.org/pressscans/wsj.040904/red_vs_blue_wsj.pdf (letzter Zugriff: 2.5.2008).

Ebert, Robert (2000): The Ghost in The Machinima: Will the use of video game technology to make movies result in art or kitsch? In: *Yahoo! Internet Life*, Juni. Online unter URL: http://www.machinima.com/forums/viewtopic.php?t=201&view=next (letzter Zugriff: 20.5.2008).

Elsaesser, Thomas/Buckland, Warren (2002): *Studying Contemporary American Film. A Guide to Movie Analysis*. Kapitel 5: S/Z, the 'readerly' film, and video game logic (The Fifth Element). New York: Oxford University Press. S. 146–167.

epd (2008): Bundestag erschwert Verkauf von Killerspielen. In: *WAZ*, 8. Mai.

Fiske, John (1987): British Cultural Studies and Television. In: Allen, Robert C. (Hg.): *Channels of Discourse. Television and Contemporary Criticism.* Chapel Hill: University of North Carolina Press. S. 254–289.

- (1992): The Cultural Economy of Fandom. In: Lewis, Lisa (Hg.): *The adoring audience: fan culture and popular media.* London/New York: Routledge. S. 30–49.

Fornäs, Johan/Klein, Kajsa [u. a.] (Hg.) (2002): *Digital Borderlands, Cultural Studies of Identity and Interactivity on the Internet.* New York: Lang.

Friedmann, Ted (1995): Making Sense of Software: Computer Games and Interactive Textuality. In: Jones, Steven (Hg.): *Cybersociety: Computer-mediated-communication and community.* Thousand Oaks, CA: Sage Publications. Online unter URL: http://duke.edu/~tlove/simcity.htm (letzter Zugriff: 17.12.2007).

Fritz, Jürgen/Fehr, Wolfgang (2005): Virtuelle Gewalt - Modell oder Spiegel? Computerspiele aus der Sicht der Medienwirkungsforschung. In: BpB (Hg.): *Dossier Computerspiele.* Online unter URL: http://www.bpb.de/themen/YCK0P5,4,0,Virtuelle_Gewalt%3A_Modell_oder_Spiegel.html#art4 (letzter Zugriff: 4.5.2008).

Graff, Bernd (2006): Die Bilder selber sind Gewalt. In: *Süddeutsche Zeitung,* 23. November. Online im Dossier *Killerspiele* unter URL: http://www.sueddeutsche.de/dossiers/dossier/307/91216/(letzter Zugriff: 27.5.2008).

Goldstein, Jeffrey (2005): Violent Video Games. In: Raessen, Joost/Goldstein, Jeffrey (Hg.): *Handbook of computer game studies.* Cambridge: MIT Press. S. 341–357.

Hall, Stuart (2002): Kodieren/Dekodieren. In: Adelmann, Ralf/Hesse, Jan [u. a.] (Hg.): *Grundlagentexte zur Fernsehwissenschaft. Theorie – Geschichte – Analysen.* Konstanz: UVK. S. 105–124.

Hancock, Hugh/Ingram, Johnnie (2007): *Machinima for Dummies.* Hoboken: Wiley Publishing.

Hellekson, Karen/Busse, Kristina (Hg.) (2006): *Fan Fiction and Fan Communities in the Age of the Internet. New Essays.* London/Jefferson: McFarland.

Hills, Matt (2002): *Fan Cultures.* London: Routledge.

Huizinga, Johan (1956): *Homo Ludens: vom Ursprung der Kultur im Spiel.* Hamburg: Rowohlt.

Jauer, Markus (2005): Ein ganz normaler Sport. Jugendliche irritiert die Diskussion. In: *Süddeutsche Zeitung*, 17. November. Online im Dossier *Killerspiele* unter URL: http://www.sueddeutsche.de/dossiers/dossier/307/91216/(letzter Zugriff: 27.5.2008).

J. C. Hertz (2002): Gaming the System: Multi-player Worlds Online. In: King, Lucien (Hg.): *Game on: The History and Culture of Video Games.* London: Laurence King Publishing. S. 86–97.

Jenkins, Henry (1992a): *Textual Poachers: Television Fans and Participatory Culture.* London/New York: Routledge.

– (1992b): 'Strangers No More, We Sing': Filking and the Social Construction of the Science Fiction Fan Community. In: Lewis, Lisa (Hg.): *The adoring audience: fan culture and popular media.* London/New York: Routledge. S. 208–236.

– (2000): 'Complete Freedom of Movement': Video Games as Gendered Play Spaces. In: Cassel, Justine/Jenkins, Henry (Hg.): *From Barbie to Mortal Combat: gender and computer games.* Cambridge: MIT Press. S. 262–297.

– (2006a): *Convergence Culture: where old and new media collide.* London/New York: New York University Press.

– (2006b): *Fans, bloggers, and gamers: exploring participatory culture.* London/New York: MIT Press.

Jenkins, Henry/Deuze, Mark (2008): Editorial: Convergence Culture. In: *Convergence: The International Journal of Research Into New Media Technologies* 14, 1, London/Los Angeles [u. a.]: Sage Publications. S. 5–12.

Jones, Robert (2006): From Shooting Monsters to Shooting Movies. In: Hellekson, Karen/Busse, Kristina (Hg.): *Fan Fiction and Fan Communities in the Age of the Internet. New Essays.* Jefferson, NC/London: McFarland. S. 261–280.

– (2007a): Saving Worlds with Videogame Activism. Freundlicherweise bereitgestellt vom Autor. Wird erscheinen in: Ferdig Richard (Hg.): *Handbook of Research on Effective Electronic Gaming in Education.* Idea Group Publishing (Juli 2008).

- (2007b): Abstract: Pink vs. Blue: The Emergence of Women in Machinima. Blog-Eintrag von Louisa Stein vom 6. Juni. Online unter URL: http://lstein.wordpress.com/2007/06/06/robert-jones-writes-on-pink-vs-blue-the-emergence-of-women-in-machinima/(letzter Zugriff: 27.5. 2008).
- (2008a): Machinima Spotlight: The God of Machinima. Blog-Eintrag vom 18. April. Online unter URL: http://stranger109.org/2008/04/18/machinima-spotlight-god-of-machinima/(letzter Zugriff: 8.5.2008).
- (2008b): Machinima Spotlight: Voices. Blog-Eintrag vom 6. Mai. Online unter URL: http://stranger109.org/2008/05/06/machinima-spotlight-voices/(letzter Zugriff: 27.5.2008).

Jones, Robert/Stein, Louisa (2007a): Gender and Fan Studies (Round Two, Part One): Louisa Stein and Robert Jones. Blog-Eintrag von Henry Jenkins vom 6. Juni. Online unter URL: http://www.henryjenkins.org/2007/06/gender_and_fan_studies_round_t.html (letzter Zugriff: 27.5. 2008).
- (2007b): Gender and Fan Studies (Round Two, Part Two): Louisa Stein and Robert Jones. Blog-Eintrag von Henry Jenkins vom 7. Juni. Online unter URL: http://www.henryjenkins.org/2007/06/gender_and_fan_studies_round_t_1.html (letzter Zugriff: 27.5.2008).

Kelland, Matt/Morris, Dave/Lloyd, Dave (2005): *Machinima. Making Animated Movies in 3D virtual environments.* East Sussex: Ilex.

Lewis, Lisa (Hg.) (1992): *The adoring audience: fan culture and popular media.* London/New York: Routledge.

Lister, Martin/Dovey, Jon [u. a.] (2003): *New Media: A Critical Introduction.* London/New York: Routledge.

Lowood, Henry (2005): Real-Time Performance: Machinima and Game Studies. In: *The International Digital Media & Arts Association Journal*, 1, 3, S. 10–17. Online unter URL: http://www.idmaa.org/journal/pdf/iDMAa_Journal_Vol_2_No_1_screen.pdf (letzter Zugriff: 29.5.2008).
- (2007): High-Performance Play: The Making of Machinima. In: Clarke, Andy/Mitchell, Grethe (Hg.): *Videogames and Art.* Chicago: Intellect Books. S. 59–79.

Manovich, Lev (2001): *Navigable Space.* Cambridge: MIT-Press.

Marino, Paul (2004): *3D Game-Based Filmmaking: The Art of Machinima.* Scottsdale: Paraglyph Press.

– (2005): Machinima: the eyes of French democracy? Blog-Eintrag vom 25. November. Online unter URL: http://blog.machinima.org/2005_11_01_thinkingmachinima_archive.html (letzter Zugriff: 8.5.2008).

Matlack, Carol (2005): Video Games go to the Movies. In: *BusinessWeek,* 9. Dezember. Online unter URL: http://www.businessweek.com/technology/content/dec2005/tc20051208_639203.htm?campaign_id=search (letzter Zugriff: 7.5.2008).

Musgrove, Mike (2005): Game Turns Players Into Indie Moviemakers. In: *Washington Post,* 1. Dezember. Online unter URL: http://www.washingtonpost.com/wp-dyn/content/article/2005/11/30/AR2005113002117.html (letzter Zugriff 7.5.2008).

Newmann, James (2004): *Videogames.* London/New York: Routledge.

Ohne Autor (2008): Jugendmedienschutz wird verschärft. Keine Killerspiele mehr für Kids. In: *Tagesschau.de,* 13. Februar. Online unter URL: http://www.tagesschau.de/inland/meldung59454.html (letzter Zugriff: 23.5.2008).

Pany, Thomas (2005): Neue Masche aus Frankreich. In: *Telepolis,* 1. Dezember. Online unter URL: http://www.heise.de/tp/r4/html/result.xhtml?url=/tp/r4/artikel/21/21471/1.html&words=Machinima&T=Machinima (letzter Zugriff: 7.5.2008).

Perlin, Ken (ohne Datum): Building Virtual Actors Who Can Really Act. Online unter URL: http://mrl.nyu.edu/~perlin/experiments/virtual-storytelling/ (letzter Zugriff: 29.5.2008).

Pias, Claus (2004): „Children of the Revolution". Video-Spiel-Computer als Kreuzungen der Informationsgesellschaft. In: Pias, Claus (Hg.): *Zukünfte des Computers.* Zürich/Berlin: Diaphanes. S. 217–240.

Prince, Charlie (2005): Red vs. Blue: The Blood Gulch Chronicles Is Hysterically Funny (But Skip the 3rd Season). In: *Cinema Strikes Back,* 23. August. Online unter URL: http://www.cinemastrikesback.com/?p=560 (letzter Zugriff 4.5.2008).

Raessen, Jost (2005): Computer Games as Participatory Media Culture. In: Goldstein, Jeffrey/Raessen, Jost (Hg.): *Handbook of Computer Game Studies.* Cambridge: MIT Press. S. 373–388.

Salen, Katie (2002): Quake! Doom! Sims! Transforming Play: Family Album and Monster Movies. Online unter URL: http://www.walkerart.org/archive/7/A5736D3C789330FC6164.htm (letzter Zugriff: 21.5.2008).

Salen, Katie/Zimmerman, Eric (2004): *Rules of play: game design fundamentals.* Cambridge: MIT Press.

Schleiner, Anne-Marie (1999): Parasitic Interventions: Game Patches and Hacker Art. Online unter URL: http://opensorcery.net/patchnew.html (letzter Zugriff: 31.3.2008).

Schröter, Jens (1998): Intermedialität. Facetten und Probleme eines aktuellen medienwissenschaftlichen Begriffs. In: *Montage AV*, 7, 2. S. 129–154.

Silbermann, Steve (1996): Boy 'Bimbo' too much for Game-Maker Maxis. In: *Wired*, 12. März. Online unter: URL: http://www.wired.com/culture/lifestyle/news/1996/12/775 (letzter Zugriff: 1.4.2008).

Stauff, Markus (2004): *Das neue Fernsehen – Machteffekte einer heterogenen Kulturtechnologie.* (Diss.) Bochum: o. V.

Stoppard, Tom (1967): *Rosencrantz and Guildenstern are Dead.* London: Faber&Faber.

Terdiman, Daniel (2003): Every Sims Picture Tells a Story. *Wired*, 7. Februar. Online unter URL: http://www.wired.com/gaming/gamingreviews/news/2003/07/59461?currentPage=all (letzter Zugriff: 14.4.2008).

The Barista (2006): The Mothers of Machinima, MoMs. Blog-Eintrag vom 6. Juni. Online unter URL: http://burntcoffeeprod.com/wordpress/?p=4 (letzter Zugriff: 5.1.2008).

Thompson, Clive (2005a): The Xbox Auteurs. In: *New York Times*, 7. August. Online unter URL: http://www.nytimes.com/2005/08/07/magazine/07MACHINI.html?pagewanted=print (letzter Zugriff: 28.4.2008)

– (2005b): A machinima commentary on the riots in France. Blog-Eintrag vom 23. November. Online unter URL: http://www.collisiondetection.net/mt/archives/2005/11/_heres_an_extre.html (letzter Zugriff: 8.5.2008).

Totilo, Steven (2005): First Film About French Riots Comes Courtesy Of A Video Game. In: *MTV News*, 5.Dezember. Online unter URL: http://www.mtv.com/news/articles/1517481/20051205/index.jhtml (letzter Zugriff: 7.5.2008).

Turkle, Sherry (1996): *Life on the screen: Identity in the age of the internet.* London: Weidenfeld & Nicholson.

Varney, Allen (2006): Red vs. Blue makes Green. In: *The Escapist*, 68, 24. Oktober. Online unter URL: http://www.escapistmagazine.com/articles/view/issues/issue_68/396-Red-vs-Blue-Makes-Green (letzter Zugriff: 19.5.2008).

Waters, Daren (2003): Animators turn to Video Games. In: *BBC News Online*, 7. August. Online unter URL: http://news.bbc.co.uk/2/hi/entertain ment/3107599.stm (letzter Zugriff: 2.5.2008).

Wenz, Karin (2006): Transmedialisierung. Vom Computerspiel zu digitaler Kunst. In: Mayer, Urs/Simanowski, Robert/Zeller, Christoph (Hg.): *Transmedialität. Zur Ästhetik paraliterarischer Verfahren.* Göttingen: Wallstein Verlag. S. 98–109.

Winter, Rainer (2001): Ethnographie, Interpretation und Kritik: Aspekte der Methodologie der Cultural Studies. In: Göttlich, Udo/Mikos, Lothar/Winter, Rainer (Hg.): *Die Werkzeugkiste der Cultural Studies. Perspektiven, Anschlüsse und Interventionen.* Bielefeld: Transcript. S. 43–62.

Wirth, Uwe (2006): Hypertextuelle Aufprofung als Übergangsform zwischen Intermedialität und Transmedialität. In: Mayer, Urs/Simanowski, Robert/Zeller, Christoph (Hg.): *Transmedialität. Zur Ästhetik paraliterarischer Verfahren.* Göttingen: Wallstein Verlag. S. 19–38.

Wolf, Mark/Perron, Bernard (2003): *The Video Game Theory Reader.* London: Routledge.

Verschiedene Autoren (2007): What can we as women promote other women filmmakers? Forum-Eintrag vom 24. September. Online unter URL: http://www.moviestorm.co.uk/forum/posts/list/1136.page (letzter Zugriff: 27.5.2008).

9.2 Filmografie

A CHILD'S WAR

Global Kids 2007

SECOND LIFE

Online unter URL: http://www.youtube.com/watch?v=nK54WRu0jW4 (letzter Zugriff: 30.5.2008)

A.I.

USA 2001, 146 Min.

R.: Steven Spielberg, B.: Ian Watson, Steven Spielberg, nach einer Kurzgeschichte „Supertoys Last All Summer Long“ von Brian Aldiss, K.: Janusz Kaminski, S.: Michael Kahn, M.: John Williams

D.: Haley Joel Osmond (David), Jude Law (Gigolo Joe), William Hurt (Prof. Hobby)

DECISIVE BATTLES

USA 2004, 30 Min.

History Channel, Moderator: Matthew Settle

DIARY OF A CAMPER

United Ranger Films 1996, 1:40 Min.

R.: Matthew van Sickler, B.: Heath Brown, S.: Eric Fowler

D.: Heath Brown, Eric Fowler, Chris Birk, Pyoveli

QUAKE

Online unter URL: http://www.youtube.com/watch?v=uSGZOuD3kCU (letzter Zugriff: 29.5.2008)

HARDLY WORKIN'

ILL Clan 2000, 11:25 Min.

QUAKE

Online unter URL: http://www.illclan.com/movies.htm (letzter Zugriff 29.5.2008)

IN THE WAITING LINE

Fountainhead Entertainment/Ghost Robot 2003, 4:07 Min.

R.: Tommy Pallotta, S.: Joshua Cramer

QUAKE

Online unter URL: http://www.machinima.com/film/view&id=346 (letzter Zugriff: 29.5.2008)

QUAD GOD

Tritin Films 2000, 33 Min.

R.: Joe Goss

QUAKE III

Online unter URL: http://www.youtube.com/watch?v=3ALBBoMFDPM (letzter Zugriff: 28.5.2008)

RED VS. BLUE: THE BLOOD GULCH CHRONICLES

Rooster Teeth Productions 2003–2007, ca. 5 Min./Episode

R.: Burnie Burns, B.: Burnie Burns, Matt Hullum, Geoff Ramsey (u. a.)

HALO: COMBAT EVOLVED/HALO 2/HALO3/MARATHON TRILOGY

Online zu finden unter www.machinima.com.

SOUTH PARK

USA 1997, 33. Min.

Comedy Central u. a., R.: Trey Parker, Eric Stough, Matt Stone, B.: Trey Parker, Matt Stone, Brian Graden (u. a.), K.: Wonnie Jung (u. a.), S.: Keef Bartkus, Tom Vogt (u. a.), M.: Scott Nickoley, Adam Berry, Jamie Dunlap

D.: Trey Parker (Eric Cartman), Matt Stone (Kyle Broflovski), Isaac Hayes (Chef)

TIME COMMANDERS

UK 2003, 45 Min.

BBC, R.: Michael Matheson, Ralph Spark, Moderatoren: Eddie Mair, Richard Hammond

THE FIFTH ELEMENT (Das fünfte Element)

F 1997, 126 Min.

R.: Luc Besson, B.: Luc Besson, K.: Thierry Arbogast, S.: Sylvie Landra, M.: Eric Serra

D.: Bruce Willis (Korben Dallas), Gary Oldman (Jean-Baptiste Emanuel Zorg), Milla Jovovich (Leeloo)

THE FRENCH DEMOCRACY

Koulamata 2005, 13 Min.

R.: Alex Chan

THE MOVIES

Online unter URL: http://www.machinima.com/film/view&id=1407 (letzter Zugriff: 4.4.2009)

THE ROCKY HORROR PICTURE SHOW

UK/USA 1975, 100 Min. (92 Min.)

R.: Jim Sharman, B.: Jim Sharman, Richard O'Brien

D.: Tim Curry (Dr. Frank-N-Furter), Susan Sarandon (Janet Weiss), Barry Bostwick (Brad Majors)

UNRUHEN IN FRANKREICH: KRAWALLE IN PARIS

F 2005, Georg Kellerman, ARD Paris, 7:04 Min.

Ein Beitrag zu den Tagesthemen vom 6. November. Online unter URL: http://www.tagesschau.de/multimedia/video/video97088.html (letzter Zugriff: 9.5.2008)

VOICES

Pineapple Pictures 2008, 6:04 Min.

R.: Kate Fosk

MOVIESTORM/ICLONE

Online unter URL: http://www.machiniplex.com/(letzter Zugriff: 28.5. 2008)

9.3 Verzeichnis der Computerspiele

AGAINST ALL ODDS

E.: Paregos AB/Tic Tac Interactive, P.: United Nations Refugee Agency (UNHCR) 2006. Online unter URL: http://www.playagainstallodds.com/ (letzter Zugriff: 25.5.2008)

COUNTER-STRIKE

E.: Valve Software, V.: Sierra Entertainment 2001 [1999]

DIE SIMS

E.: Maxis, V.: EA Games 2000

DIE SIMS 2
E.: Maxis, V.: EA Games 2004

DOOM
E.: id Software, V.: CDV Entertainment/Pearl Agency 1994 [1993]

DOOM II: HELL ON EARTH
E.: id Software, V.: CDV Entertainment/Pearl Agency 1994

FOOD FORCE
E.: Depent/Player Three, P.: United Nations World Food Program (WFP) 2005
Online unter URL: http://www.food-force.com (letzter Zugriff: 25.5.2008)

HALO
E.: Bungie Studios, V.: Microsoft Gamestudios 2001–2007

HALVE-LIFE
E.: Valve Software, V.: Sierra Entertainment 1998

QUAKE
E.: id Software, V.: GT Interactive 1996

QUAKE II
E.: id Software, V.: Activision 1997

QUAKE III ARENA
E.: id Software, V.: Activision 1999

ROME: TOTAL WAR
E.: Creative Assembly, V.: Electronic Arts 2004

SIMCOPTER
E.: Maxis, V.: Electronic Arts 1996

STARS WARS GALAXIES
E.: Verant Interactive/Lucas Arts, V.: Sony Online Entertainment 2003

THE MOVIES
E.: Lionhead Studios, V.: Activision 2005

ULTIMA ONLINE
E.: Origin Systems, V.: Electronic Arts 1997

UNREAL TOURNAMENT
E.: Epic Games, V.: GT Interactive 1999

UNREAL TOURNAMENT 2003
E.: Epic Games, V.: Atari 2002

WOLFENSTEIN 3D
E.: id Software, V.: Apogee Games 1992

9.4 Abbildungsverzeichnis

Zeitfracht Medien GmbH
Ferdinand-Jühlke-Straße 7
99095 Erfurt, Deutschland
produktsicherheit@kolibri360.de